徐振邦

著

遊蹤 香港年曆

U0103359

JPC

前言

　　放假，對一眾打工仔來說，是頭等大事。除非你是連生病也不忘上班的工作狂，否則沒有人是不喜歡放假的。

　　大約在每年 7 月，香港政府會公佈下一年公眾假期的安排，這個時候，不少人已按照新一年的公眾假期來籌劃未來一年的「放假大計」，準備編排公眾假期的節目或外遊行程。為了方便人們善用假期，傳媒亦在公眾假期的安排上推波助瀾，推出「放假懶人包」或「請假攻略」，以製造「連續假期」給人們參考。例如在 2022 年的元旦是在星期六，於是，建議在 2021 年 12 月 28、29、30、31 日請假四天，就能從 2021 年 12 月 25 日至 2022 年 1 月 2 日，製造九天長假期；又例如在 2022 年 12 月 28、29 和 30 日請假，就可以由 12 月 24 日一直放假到 2023 年 1 月 2 日，一共有十天連續假期。

　　2023 年的「請假攻略」，可以在 1 月 26、27 日請假兩天，連同週末假期，加上農曆年初二至四的三天農曆新年假，即可由 1 月 21 日到 1 月 29 日，連放九天假期了。在復活節期間，只需要在 4 月 3、4、6 日請假，連同星期六及日，就可以由 4 月 1 日至 10 日，共十天假期了。

　　至於 2024 年的「請假攻略」安排，是於 2023 年 12 月 27、28、29 日請假三天，加上星期六的不用上班日，就可以有連續十天的跨年假期。在 2024 年 4 月 2、3 和 5 日請假，連同星期六的不用上班日，又可以有連續十天的

復活節假期。就算未能成功連續放十天假期，也可以製造幾天連假，都是不錯的。

這類請假建議方案很受用，亦很受人們歡迎。我估計，有不少人會按這種「放假懶人包」或「請假攻略」為自己編製放假日期，尤其是對要利用長假期外遊的人來說，「放假懶人包」或「請假攻略」是不可缺少的參考資料。至於沒有外遊計劃的，也可以留港消費，應該是不錯的安排。不過，過去兩年，香港受疫情影響，所有市民都不能按計劃外遊或消費，連續假期才變得沒有什麼意義。

在眾多公眾假期中，我最記得的，是農曆新年假期。以前，大部分店舖在農曆新年是不營業的，市面上亦沒有大規模的消費活動。在農曆新年一連三天的公眾假期裡，基本上是沒有什麼商店會開門做生意的，就算是食肆和超級市場也不會營業，唯一的娛樂是到戲院觀賞賀歲片。當時，我覺得農曆新年是比較沉悶的公眾假期。現在則不同了，不少商店是全年無休，連農曆新年也在營業，甚至會延長營業時間。這是跟以前的放假情況有很大的分別。

此外，以前為了平均分配公眾假期，讓上半年和下半年的公眾假期數目相若，於是，政府特別規定幾個日子——並不是中國或西方的傳統節日，也不是紀念日——稱為「公眾假期」。在一段很長的時間裡，香港的公眾假期維持在一年十六天，即上半年共有八天公眾假期，下半年同樣也有八天。然而，自 1968 年開始，香港增加一日公眾假期，自此，一年由十六天的公眾假期增加到十七天。這個安排，一直持續到現在。

不過，現在的公眾假期卻集中在節慶，也不會平均分配上、下半年的公眾假期的數目。以 2022 年的公眾假期為例，當中以中、西方節慶類的有

十四天，有元旦、農曆新年、清明節、復活節、佛誕、端午節、中秋節、重陽節、聖誕節；屬於紀念日的兩天，有回歸日和國慶日；其他類別的有一日，是勞動節。根據現行公眾假期的安排，在節慶放假，幾乎已成為了香港公眾假期的特色。當中，屬上半年的公眾假期有十一天，而下半年的，只有六天。

其實，最初香港訂立公眾假期時，屬節日類的，只佔少數，而屬於中國人的節慶，並不是考慮的因素，而所關注的，是與英國有關的節日（如英女王壽辰、英國國慶、歐戰紀念日等）。

當時的殖民地政府安排公眾假期時，有三大目的：一是在公眾假期時停止社會商業運作，希望市民在公眾假期裡可以得到適當的休息；二是公眾假期的編排是有公平分配的原則，不會把公眾假期集中在某幾個月份；三是公眾假期並不會以節慶為主，有時只是巧立名目的，刻意指定某個日子是公眾假期。

隨著時代的變遷，政府在編訂公眾假期時，沒有強調要全民休息，反而覺得公眾假期是市民的消費日，商戶趁著公眾假期獲得更大的利潤，除了公營機構外，大部分商店都不會休業；而且，為了方便市民消費，逐漸把公眾假期安排在節慶的日子裡，可以在公眾假期慶祝節慶，以達普天同慶的目的。

雖然香港的十七天公眾假期是很固定的，不會隨意更改，但要記住哪天是假期也不是容易的事，尤其是以農曆計算的中國傳統節日。例如，我們知道農曆年初一是公眾假期，但那天是西曆什麼日子呢？那就要由農曆換算成公曆了。

現在，智能手機已有強大的數據庫，換算日子是沒有難度。然而，在智

能手機面世或在電腦普及化之前，要知道農曆和公曆的換算資料，最簡單的方法是使用年曆卡。

大概在 1990 年到 2010 年，是香港印製年曆卡數量最多的年代。那時，年曆卡印刷精美，成本又低，不少商戶都有自行印製年曆卡以作宣傳之用。

現在，年曆卡已進入沒落的年代，除了銀行還有印製小量年曆卡外，以年曆卡作為宣傳品的商戶，已經不多。我相信，已經沒有多少人會隨身攜帶年曆卡，作為查閱日子或農曆和公曆換算之用。

《香港年曆遊蹤》就是簡介香港公眾假期的發展和演變，亦兼提及香港年曆卡的特色。藉著這本書，希望各位讀者知道，香港公眾假期安排的演變，以及再次認識快要沒落的年曆卡。

2023 年 5 月

目錄

Chapter

O2 年曆卡

Chapter.01

假　期

香港的假期制度源自英國在十九世紀所訂立的《1871年銀行假期令》（*Bank Holidays Act 1871*），即1875年立法局所頒佈的《公眾假期條例》。

在《1871年銀行假期令》中，訂明四個指定日子為「銀行假期」，分別是復活節後第一個星期一、聖靈降臨節後第一個星期一、8月第一個星期一及聖誕節翌日；此外，還有聖誕節、耶穌受難節、1月1日元旦、農曆年初一及英女王壽辰為公眾假期，即在一年之內，共九個特定的日子被列為假期。這九天假期再加上每個星期日，銀行都不用辦公，於是，銀行職員、公營機構、政府部門員工均可在這些日子裡，享有有薪假期或補假。換言之，這個做法令銀行暫停金融及其他交易，藉以讓整個社會可以享有假期，達到全民休息。這個安排，亦成為了香港第一批的銀行及公眾假期。這則資料仍可以在《憲報》上找到。

SCHEDULE *A*.

The first day of January.
Good Friday.
The Birthday of Her Majesty, or the day on which Her Majesty's Birthday is ordered to be kept.
Christmas Day.
The 26th day of December.
If any of these days fall on a Sunday, the next following Monday shall be a Public Holiday.

———

SCHEDULE *B*.

Chinese New Year's Day.
The first Monday in August.
Easter Monday.
Whit-Monday.

● 在這個安排中，有分 SCHEDULE A 和 SCHEDULE B，分別指出公眾假期和銀行假期的日子。SCHEDULE A 是五天的公眾假期；而 SCHEDULE B 是四天的銀行假期。

HONGKONG.

ANNO TRICESIMO NONO
Victoriæ Reginæ.

John Gardiner Austin,
Administrator and Commander-in-Chief.

No. 6 of 1875.

Title. An Ordinance enacted by the Governor of Hongkong, with the advice of the Legislative Council thereof, to provide for Public and Bank Holidays.

[7th July, 1875.]

Preamble. WHEREAS it is expedient that certain days in the year should be declared Public Holidays and Bank Holidays respectively: Be it therefore enacted by the Governor of Hongkong, with the advice of the Legislative Council thereof, as follows:—

Certain days to be Public Holidays. I. The several days mentioned in schedule *A* to this Ordinance annexed (hereinafter referred to as Public Holidays) shall, in addition to Sundays, be *dies non*, and shall be kept (except as hereinafter provided) as holidays in this Colony.

Regulations. II. The Governor in Council may, from time to time, make regulations excluding in whole or in part from the operation of this Ordinance any public office or any department thereof, and thereupon all acts and things relating to such public office or department thereof may be done and performed on any Public Holiday notwithstanding the provisions of this Ordinance.

Certain days to be Bank Holidays. Bills of exchange falling due on Bank Holidays to be payable next day. III. The several days mentioned in the schedule *B* to this Ordinance annexed, shall be Bank Holidays, and shall be kept as holidays in all banks in the Colony, and all bills of exchange, promissory notes, and other negotiable instruments due and payable on any such Bank Holiday, shall be payable on the next following day and not on such Bank Holiday.

Protest falling to be made on Bank Holiday may be made on next day. IV. In case of non-acceptance or non-payment of any negotiable instrument, the same may be noted or protested on the next following day after a Bank Holiday, and any such noting or protest shall be as valid as if made on the previous day.

Acts relating to bills of exchange not to be compellable to be done on BankHolidays. V. No person shall be compellable to make any payment, or to do any other act relating to a bill of exchange or other negotiable instrument on a Public Holiday, or on a Bank Holiday, and the obligation to make such payment, or to do such other act, shall apply to the day next following such Public Holiday, or Bank Holiday, and the making of such payments, or doing such acts on such following day shall be equivalent to payment of the money, or performance of the act on the Public Holiday, or Bank Holiday.

Governor may appoint special days to be observed as Public Holidays. VI. It shall be lawful for the Governor, by Notification in the *Government Gazette*, at any time to appoint a special day to be observed as a Public Holiday, or as a Bank Holiday, in addition to or in substitution for any of the days mentioned in the schedules to this Ordinance annexed, and thereupon the provisions of this Ordinance shall be applicable to such day in the same manner as if the said day had been mentioned in schedule *A* or schedule *B* to this Ordinance annexed.

Interpretation clause. VII. For the purposes of this Ordinance, the day next following a Public Holiday shall mean the next following day not being itself a Public Holiday and the day next following a Bank Holiday shall be construed to mean the next following day not being itself a Public or a Bank Holiday.

Short title. VIII. This Ordinance may be cited for all purposes as "The Holidays Ordinance, 1875."

Passed the Legislative Council of Hongkong, this 7th Day of July, 1875.

H. Ernest Wodehouse,
Clerk of Councils.

Schedule *A.*

The first day of January.
Good Friday.
The Birthday of Her Majesty, or the day on which Her Majesty's Birthday is ordered to be kept.
Christmas Day.
The 26th day of December.
If any of these days fall on a Sunday, the next following Monday shall be a Public Holiday.

Schedule *B.*

Chinese New Year's Day.
The first Monday in August.
Easter Monday.
Whit-Monday.

● 在《憲報》上，清楚列出 1875 年所訂立的第一批銀行假期及公眾假期的安排。

在早期的假期安排中，有清楚劃分公眾假期和銀行假期兩種假期。儘管這兩種假期的安排沒有太大的分別，尤其是銀行和公營機構都不會在這兩種假期裡辦公。不過，兩者在名稱上仍是有分別的，以 1911 的《憲報》為例，就清楚界定了這兩種不同的假期。

Public Holidays.
Good Friday, 14th April.
King's Birthday, Saturday, 3rd June.
Xmas Day, Monday, 25th December.
Tuesday, 26th December.
Monday, 1st January, 1912.

Bank Holidays.
Chinese New Year's Day, Monday, 30th January.
Tuesday, 31st January.
Easter Monday, 17th April.
Whitmonday, 5th June.
Monday, 7th August.

Public and Bank Holiday.
Victoria Day, Wednesday, 24th May.

● 在 1911 年的《憲報》中，清楚指出有「公眾假期」、「銀行假期」和「公眾及銀行假期」三個類別。

● 《香港工商日報》，1930
年 8 月 2 日

● 《香港華字日報》，
1932 年 11 月 28 日

　　自 1895 年訂立了公眾假期的法例後，香港政府就沿用這套法則。這九天銀行及公眾假期裡，有兩個值得注意的地方：一、主要是銀行和公營機構放假，其他人是不能享受有薪假期；二、只有農曆新年屬中國傳統節慶類，其餘均是西方的節慶或紀念日。

　　在一份 1902 年的報紙上，有報道提醒市民在假期日裡，銀行和政府部門都會放假。「本月十九號禮拜一為聖節之期，本港各衙署及銀行俱放假一天。」（《香港華字日報》，1902 年 5 月 12 日）這則報道所記載的假期應該就是聖靈降臨節。在這些訂明為公眾假期的日子裡，由於只有銀行、政府部門和部分機構不辦公，不是所有人都可以享用假期。

　　至於在早期的公眾假期中，只有農曆年初一屬於中國傳統節日，其他的中國節慶一律排除在公眾假期之外。當時，有不少香港人會舉行慶祝節日的活動，但不可以享受到有薪的公眾假期。

　　這個情況是很容易理解的，畢竟，當時的公眾假期都是以西方節日為主，至於華人只可以自行慶祝中國傳統節日，卻不能享受假期。那些清明節、端午節、中秋節、重陽節等中國傳統節日，香港市民依然可以舉行慶祝活動，但不放假或只能放「無薪假」。這對要慶祝中國傳統節日的人來說，是有點不方便的。

　　這個安排是殖民地政府把英國公眾假期的模式搬到香港，當中並沒有考慮到香港的實際情況。而隨著華人地位提升，香港政府在修訂公眾假期時，亦會考慮到與華人有關的中國傳統節日。

　　以 1919 年一篇報道慶祝孔聖誕的節日為例，就知道要慶祝中國節日，只是由個別團體舉行，而參與慶祝儀式的人，並不能獲得有薪假期：「今日

為孔聖誕辰，事前學商各界已預備慶祝。南北行已蓋搭花門樓兩座，永安街鋪陳華麗聞今天全街放假一天，而舉凡大商店大莊口，莫不停工一天。德輔道中，梁國英門首尤多點綴。孔聖會同人仍在太平戲院慶祝，餘如湘父港僑覺民等，學塾振華約智昭常等女校，均異常慶鬧云。」（《香港華字日報》，1919 年 10 月 20 日）由此可知，中國傳統節日是否假期，是由中國人自行決定，但這種假期，是有別於政府所規定的公眾假期。這個情況，一直是這樣自行安排的。「今日為農曆孔子聖誕 …… 本港孔聖會今晨祗循例舉行慶祝，學校書局，均是日休業一天紀念云。」（《香港工商晚報》，1938 年 10 月 20 日）

由於這些中國傳統節日並不是公眾假期，除了參與參祝儀式的機構會自行放假外，只有學校能安排學校假期，其餘所有人都不能享有假期。除了孔子誕外，一些受中國人歡迎的節慶日子，也不能享有假期。

在一份 1933 年的新聞報道中，對中秋節有這樣的說明：「昨日為一年一度之中秋節，…… 已將此日改為民眾娛樂日，然一般民眾，仍不少存有慶祝中秋節之思想 …… 本港各學校，尚多有行夏曆者，蓋是日為中秋佳節，循著老例，放假一天，使各兒童得以回家舉辦慶賀中秋。」（《香港工商晚報》，1933 年 10 月 5 日）從這篇報道中，有一些特別的訊息：一、政府把中秋節改為民眾娛樂日；二、中秋節只是學校假期；三、放假日期是中秋節正日，而不是現行的中秋節翌日。

從一篇 1932 年的新聞報道中，知道當時放的假日共有十五天，分別是 1 月 2 日、1 月 27 日、4 月 15 日、4 月 17 日、6 月 3 日、6 月 5 日、7 月 1 日、8 月 7 日、9 月 4 日、11 月 11 日、12 月 26 日；另外，還有華人新年、耶穌復活節、雙十節和聖誕節。雖然沒有清楚列明這些假期的名稱，但按日子推算，仍然只有華人新年屬中國傳統節日。

今日重陽

各學校放假一天

攬車減價利乘客

今日為舊曆九月初九日，即重陽節，魏文帝與鍾繇書云、「歲往月來、忽復九月九日、九為陽數、而日月並應、俗嘉其名、以為宜於長久、故以享安商會，今俗人之登高，即有求吉避凶之意。港中居民多未能免俗，每年赴山顛登高者甚衆，預料今日山道上、必有一番熱鬧，奈今日各學校，放假一天山頂纜車公司為利便乘客，今日特將票價減低，從山脚至山巔，成人來回票收四毫，小童收二毫。查本港，山頂北望大陸半島，景物瞭然，在南望，則汪洋大海、間，孤島亭亭，舟帆點點極風景美妙之奇趣，預料今日登高日之人，不知往年為如何耳。

● 《大公報》，1938 年 10 月 31 日

　　由於清明節及重陽節，同樣沒有列為公眾假期。市民一般在這兩天進行掃墓或登高，都不能放有薪假期。在戰前的清明節，有這樣的報道：「今日為農曆清明節，政府以此含有慎終追遠意義，故特定此日為民族掃墓節。今日港九各華校均放假一天⋯⋯」（《大公報》，1940 年 4 月 5 日）至於重陽節的情況，也是大同小異，清楚列明只是學校假期，並非大眾人士都能享用的假期。「今日為舊曆九月初九日，即重陽節⋯⋯查今日各學校，放假一天。⋯⋯」（《大公報》，1938 年 10 月 31 日）

　　至於開始把中國傳統節日列入公眾假期之內，應該是在 1941 年的中秋節。根據 1941 年的新聞報道中，知道當時中秋節已成為公眾假期。「中秋節為公眾假期。中西銀行均放假，當局明令規定本年度中秋節（本月五日）列為公眾假期之一，但是日適為星期日，故於翌日（星期一）補假。中西銀行、洋行、學校、政府機關，皆宜告休息，共申慶祝。官方正式重視此節，遂令中西人士一致行動，非比往年單純華僑方面舉行，實為空前未有，相信屆時當倍增熱鬧。」（《香港工商日報》，1941 年 10 月 3 日）以報道內容的

● 《香港工商日報》，1941 年 10 月 3 日

描述，似乎是首次重視這個節日，由此推斷，1941 年可能是第一次把中秋節列入公眾假期之內。而關於中國傳統的公眾假期，於 1941 年則有農曆年初一、農曆年初二，以及中秋節，總共三天。

　　儘管香港政府在戰前已開始增加與中國傳統節慶有關的日子為公眾假期，但這個轉變是很緩慢的。到了戰後，情況未有太大的改變。以重陽節為例：「今日為重陽佳節，各學校均放假一天。至各機關雖未明令休假，但亦能准予職員告假，俾便拜掃先塋或登高。」（《香港工商日報》，1946 年 10 月 3 日）

香港政府在最初規劃公眾假期時，只把農曆年初一列入公眾假期，不過，政府已透過修訂有關法例，逐步增加中國傳統節日為公眾假期。至於有英國或殖民地色彩的公眾假期，則慢慢被排除在公眾假期以外。這點是殖民地政府考慮到香港人的需要，亦開始重視有關中國的傳統節日。

比方說，香港政府在修訂《假期條例》時，曾把英帝國日從公眾假期表中剔除。

英帝國日被剔除在公眾假期外，只把這天列為學校假期。然而，還有一些政府部門或英資機構會列英帝國日為特別假期，以全日或半天不辦公，或改用其他慶祝儀式。「昨日（5 月 24 日）為英帝國國慶日，本港各政府機關及學校，皆休假一天，藉資紀念。政府機關、英國商行及港內船舶，多懸旗示慶。」（《大公報》，1940 年 5 月 25 日）

在一篇 1951 年的新聞報道中，有對英帝國日的發展作出簡介：「今（廿四）日為英帝國日，本港學校皆放假一天。帝國日運動起源甚古，遠在維多利亞女王時代，由英國人民自行發動，英王雖為該運動之贊助人，但該運動仍為英國民眾運動。但自英帝國隨時代進展而成為大英聯邦後，帝國日運動在進行上已無以前之熱烈。猶憶本港戰前每屆帝國日，除各學校放假一天外，並舉辦帝國產品展覽會，藉以促進對英國之信心。其後，該運動已逐漸消失當年之熱烈情緒，英聯邦各地雖仍有紀念帝國日，但僅由學校放假一天，以資慶祝，更無其他儀式。」（《華僑日報》，1951 年 5 月 24 日）對於大部分香港人來說，他們對英帝國日不感興趣，也是無可厚非的事。

其後，英帝國日亦於 1959 年正式改名為「大英聯邦日」。同年的新聞報道亦有說明：「據署理輔政司戴斯德解釋稱：『女王陛下政府最近宣佈決定今

後將「帝國日」改稱為「大英聯邦日」。這一項措施已經獲得其他大英聯邦政府和「帝國日運動」機構的贊同。現在提出的一項法案草案的目的，是在於將假期法例內容作同樣的變更。依照該法例的規定，該日定為學校假期。』該案獲得一致通過。」（《華僑日報》，1959 年 4 月 23 日）這個改了名的紀念日，索性只列為學校假期，正式完全脫離公眾假期的性質。

1959 年 5 月 24 日，這個首次把大英聯邦日列作學校假期，英資機構也照常辦工，沒有享有有薪假期。「全英國屬土，昨日慶祝第一個聯邦日（以前稱為帝國日），本港各學校今日並放假一天，以誌紀念。」（《香港工商晚報》，1959 年 5 月 25 日）又於「今（廿四）日為大英聯邦日，全港九各公私立學校均放假一天，明日照常上課。至於各機關衙署中外銀行等，仍照常辦公云」。（《華僑日報》，1966 年 5 月 24 日）其後，這個假期隨著回歸而劃上句號，也在學校假期表上剔除了。

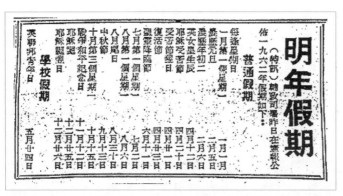

● 假期名稱沒有要求統一規範，有時稱公眾假期，有時稱普通假期。（《華僑日報》，1961 年 5 月 6 日）

此外，被剔除的公眾假期中，還有雙十節。

最初，香港政府並沒有把 10 月 10 日列為公眾假期。到了 1929 年，政府才把這天定為「普通假期」，在報章上亦有說明：「雙十節為中華民國成立紀念日，港中華商皆於是日休息慶祝。聞港政府決定是日為普通假期，曾商之銀行界，已得其贊同云。」（《香港華字日報》，1929 年 9 月 27 日）這個「普通假期」就是公眾假期的意思。

到了 1930 年，香港政府終於有清楚的解釋，並把雙十節定為公眾假期。「查十月十日，為我中華民國國慶紀念日，國內各地，均於此日放假一天慶祝。至於本港，因其環境之不同，故只由居民各自懸旗慶祝而已，一向港政府無明文規定是日為公眾假期，故亦無放假休息之事。惟自昨年雙十節起，本港三華人代表，假座華商俱樂部，開會作盛大之慶祝，並函召駐港各國領事與會，而港政府亦有上級官員蒞臨。此為過去之一階段也。現下港政府，以中華民國國基奠定，乃擬將之規定為永遠公眾假期，每年十月十日，政府機關及學校等，一律放假慶祝，此案名曰修正一九一二年假期則例案，將往年九月第一個星期一之公眾假期，改在十月第二個星期一行之。如雙十節日適為星期日，得在翌日星期一照補。」（《香港工商日報》，1930 年 8 月 1 日）這也是首個與中國有關的紀念日公眾假期。自此成為定制。

以一份 1939 年的新聞報道為例：「今日為雙十節國慶紀念日 …… 今日政府機關、銀行、商店、學校、僑團均一律放假。」（《大公報》，1939 年 10 月 10 日）到了 1949 年那天，是香港最後一年有雙十節的公眾假期。

1950 年，由於中國政局有變化，新中國已正式成立，香港政府亦把雙十節剔除在公眾假期外。「…… 港督會同行政局履行一九四七年假期條例第七款所賦予之權力，現指定十月份第二個星期一日，以後即視作週年公假期日以代替該條例第三款第十四段原定之『十月十日或此日適為星期日時即改

● 《華僑日報》，1948 年 11 月 27 日

● 《大公報》，1950 年 10 月 7 日

定翌日』等規定。……本年十月份第二個星期一日，即十月九日（星期一），現定為公眾假期，以代替原定十月十日。」（《華僑日報》，1950年8月26日）「雙十節」由訂立為公眾假期到取消，大概只有二十年時間。這可能是壽命最短的公眾假期。

為了填補雙十節的公眾假期，以免公眾假期的數目少了一天，於是，香港政府在10月份裡，另行指定一日為公眾假期。以1950年為例，取消了10月10日的公眾假期，而改定10月第二個星期一為公眾假期，日期是10月9日。由於這天並非節慶或紀念日，假期的名義（或名稱）只稱為「公眾假期」。另外，香港政府原定10月的公眾假期維持在10月放假，明顯是盡量不影響公眾假期的安排，以維持上、下半年平均安排公眾假期的目的。

至於公眾假期的較大變動、增刪最多的階段，應該是日治時期。當時，香港公眾假期是按照日本的規定而放假。例如昭和天皇壽辰（即4月29日）；而在每年的12月25日，有「新生香港週年紀念日」，以紀念香港正式成為「大東亞共榮圈」的一分子，並藉著這個假期加強日本文化對香港的影響力。不過，這段只屬短暫時間，對香港公眾假期整體安排沒有帶來太大的影響。

1945年8月30日，英國恢復管治香港，香港公眾假期的安排逐漸回復戰前的情況。到了1947年1月10日，香港政府頒佈香港法例第149章《公眾假期條例》，再次制訂政府指定的公眾假期。

　　根據一份 1947 年的新聞報道，公佈了 1948 年公眾假期的資料，除了星期日外，公眾假期分別有元旦、農曆元旦、農曆年初二日、耶穌受苦日、耶穌受苦日之翌日、復活節、降臨節後之星期一、英女王壽辰、7 月之第一個工作日、8 月之第一個星期一、8 月份第三十日、中秋節、雙十節、和平紀念日之翌日、聖誕日、聖誕日翌日，共十六日，公眾假期數目可謂不少，亦接近現行一年十七日的公眾假期數目。

　　儘管在 1947 年時，已規劃好 1948 年的公眾假期，但在 1948 年裡，有一次增加額外假期的事件。1948 年，中國曾舉行總統選舉，於 4 月 20 日的南京市國民大會堂舉行選舉投票，並於 5 月 20 日，由蔣中正及李宗仁以正副總統身份在南京總統府宣誓就職。當時，「根據華人代表的要求，港督已允許全港休假一日，以便中國居民能慶祝中國總統就職」。（《大公報》，1948 年 4 月 28 日）

　　以 1948 年的公眾假期為例，跟現在的安排有很大分別。當中，有些公眾假期不是屬於節日類別，如 7 月之第一個工作日、8 月之第一個星期一、8 月份第三十日；加上於二十世紀初加入的雙十節以及和平紀念日，成為了戰後初期，香港市民可享用的公眾假期。「本月卅日為英太平洋艦隊駛入本港，將港民由日敵之壓政下救出之第二週年，港當局對此富有重大紀念性之日子，決予隆重慶祝，定為公眾假期 …… 」（《華僑日報》，1947 年 8 月 26 日）

　　在這時期的公眾假期新安排中，同樣有兩個特別的情況：一、在名稱上，沒有再劃分銀行假期和公眾假期，一律稱為公眾假期；二、安排了一些非節慶或紀念日的日子，作為公眾假期。當時，為何要把這些不屬於中國或

西方節慶的日子列入公眾假期呢？有一個說法，這是為了要平均分配全年的公眾假期。這樣安排的話，在這十六日的公眾假期中，屬於上半年的假期有八日，納入下半年的，同樣有八日；而且，幾乎平均每個月都可以享有一天的公眾假期，亦不會把公眾假期過度集中在某一個月份。於是，市民在享用公眾假期時，則沒有側重在某一段時間之內，感覺上，每隔一段日子就可以享有一天公眾假期。

當時，在《假期條例》的條例草案二讀時，時任律政司明確表示：「此項安排使銀行假期可以較平均地分配，讓僱員每隔一段適當時間可以放下勞碌的工作，稍作歇息。」這種安排顯然是以平均性和人性化為原則。

事實上，這種帶有平均原則的方式，一直是政府考慮安排公眾假期的因素。在一份 1911 年的新聞報道中，就有提及箇中的原因：「西十月十三號布政司致函商務局，指明公眾及銀行假期之不平等，由十二月至五月共放假九

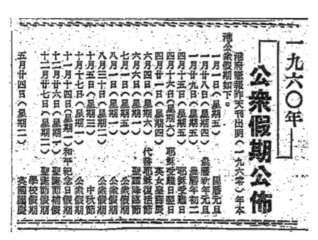

● 《大公報》，1959 年 2 月 7 日

日半，餘六個月則僅得兩日假期。該函又謂督憲料大眾對於假期之不平等，皆不滿意，不知貴局意見若何。如表同情則有何獻計，可以使年中之假期更加妥善，現有人提議應於十月十九號放假紀念得打剌科路加之日，以代聖神降臨節後星期壹日之假期云云。商務局董事函覆謂聖神降臨節後星期壹日之假期，相沿甚久，不可棄之。於十月內可以另揀壹日作假期，今擬擇每年十月第二個星期壹日放假，較勝於得打剌科路加之紀念日；又五月二十四號之假期可以用十壹月九號代之，將前帝后之生辰紀念日合而為一。若不定實十壹月九號，則以最近之星期壹日為假期云云。現政府正在研究此事。」（《香港華字日報》，1911 年 12 月 28 日）

自 1968 年起，公眾假期有輕微的變化，就是把農曆年初三列入公眾假期，使農曆新年的假期變成是一連三天的連續假期。直至現在，香港仍維持這個安排。而且，從這年開始，香港的公眾假期數目由十六天增加至十七天，而十七天的公眾假期數目，保持到今天，已超過了半個世紀。

1983 年，政府修訂了農曆新年和中秋節翌日的補假方式。在 1983 年之前，農曆新年年初一至年初三的任何一天，以及中秋節翌日是星期日的話，將於假期後的第二日（即農曆年初四或農曆八月十七）進行補假。由 1983 年起，修訂為原定節日的前一天進行補假，即農曆年初一前的除夕、中秋節當日（農曆八月十五）預先為公眾假期補假。這種安排亦很有人性化，因為這類中國人所重視的公眾假期裡，很少會在農曆年初四或農曆八月十七才慶祝的。要是在假期後才作出補假安排，人們則無法好好安排節日的活動。如果把補假提前到農曆年初一前的除夕，以及中秋節當日（農曆八月十五），才令人們感受到節日的氣氛。

直至 1997 年 7 月 1 日，香港主權移交中華人民共和國，結束英國的殖民地管治。這時，政府取消跟殖民地有關的公眾假期，但同時亦新增相同天

● 在 1968 年的公眾假期中，新增了農曆年初三為公眾假期，亦由一年十六天的公眾假期變成了十七天。(《華僑日報》，1967 年 12月 27 日)

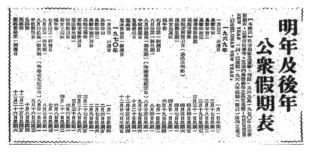

●《香港工商日報》，1968 年 12 月 28 日

數的公眾假期。在一增一減之下，香港的公眾假期數目仍然維持在每年十七天。按照行政長官會同行政會議於 1997 年 11 月 18 日所作的決定，政府宣佈公眾假期（星期日除外）的總日數上限應定為每年十七天。

回歸之後，香港取消了英女王壽辰、英女王壽辰後第一個星期一、8 月最後一個星期一之前一個星期六、8 月最後一個星期一（即香港重光紀念日）。這四天公眾假期，因具英國殖民地色彩而被取消，改而新增香港特別行政區成立紀念日（7 月 1 日）、抗日戰爭勝利紀念日（8 月第三個星期一）、國慶日（10 月 1 日）、國慶日翌日（10 月 2 日）為公眾假期，其餘的公眾假期則維持不變。

1999 年，取消抗日戰爭勝利紀念日和國慶日翌日兩天的公眾假期，同時，新增了勞動節（5 月 1 日）及佛誕（農曆四月初八）。自此，公眾假期的安排到 2023 年，都沒有再修訂，一直運作至今。

雖然香港的假期數目沒有變化，但在分配上不算平均。其中，最大的原因是公眾假期集中在節慶，取消了按需要而另設特定日期為公眾假期的安排。以 2023 年計算：全年共十七天的公眾假期裡，屬於上半年的公眾假期有十一天，而在下半年的公眾假期只有六天。由於在國慶日之後，到聖誕節才有公眾假期，在兩個公眾假期之間，有連續超過五十天都沒有公眾假期。

香港有兩種假期，一種是法定假期，另一種是公眾假期，兩種假期是有分別的。因此，可能某些工作是放公眾假期，但有一些工作是放法定假期。

根據現行的《僱傭條例》（第 57 章），僱員不論其服務年資長短，均可享有每年十二天法定假期。如僱員在緊接法定假日之前已按連續性合約受僱滿三個月，更可享有假日薪酬。究竟這十二天的法定假期，是由何時開始呢？

早於 1947 年 1 月 10 日，香港政府頒佈香港法例第 149 章《公眾假期條例》，制訂公眾假期。這些公眾假期主要是參考香港銀行的休息日，因此，主要是政府、銀行業以及與銀行業關係密切的行業所享用的假期。換言之，《公眾假期條例》對大部分工人階層來說，並不能受惠。如果工人要享有假期，就要放棄薪金，即變成「無薪假期」。為了讓所有市民都可以享用假期，尤其是在中國傳統節日裡，可以在這天與家人共同慶祝，或休息一天，於是希望把公眾假期推廣到工人階層。

1961 年，香港政府終於為本地工人定下了六天有薪「法定假期」，即農曆年初一和年初二、清明節、端午節、中秋節及冬至。這種有別於公眾假期，叫「法定假期」，又稱「勞工假」。對一眾「打工仔」來說，法例保障了六天的有薪假期，的確是不錯的，然而，當年的公眾假期有十六天，但法定假期才規定有六天，兩者的差距仍有十天之多。這六天假期的實施對象主要是工人階層，所以也俗稱「勞工假期」、「工廠假期」等。

1962 年 4 月，香港政府因遵循國際勞工公約每年最少六天有薪假期的規定，實施《工業僱傭（有薪假期與疾病津貼）條例》（*Industrial Employment [Holidays with Pay and Sickness Allowance] Ordinance*），首次為法定假日立法，

規定在工廠工作的勞動工人、或月薪七百港元以下的非勞動工人，可享每年六天有薪假期，分別是農曆年初一、農曆除夕或年初二、清明節、端午節、中秋節、冬至或隨後的元旦（由僱主選擇其中一天）。不過，儘管在 1962 年立法推行新政策，讓一眾工人階層可以得到有薪假期，但這年卻未能享用這項假期福利。這是由於所有工人都不符合享用有薪假期的資格。

當年的報紙有也作出解釋：

> ……大都以為，這法例實施後，在法定假期中，馬上便可獲得假期支薪的待遇了，其實不然，好比最近快要來臨的清明節（農曆三月初一）五月初五的端午節，八月十五的中秋節，這三個節日，都不可能享有假期給薪的，祇能享受無薪假期。
>
> 何以呢？這就是資格的問題了，因為法例規定，在法定假期前，該工人必須在十二個月內曾替其僱主工作不少過一百八十日，這是一個資格，而另一個資格，就是在法定假期前之二十八日內，該工人必須曾替其僱主工作不少過二十日才能取得薪給假期；至於疾病津貼之取得，同樣也要具有上述兩種資格，換言之，缺乏任何一種資格都不能取得是項法益。
>
> 由於法例於四月一日起實施，要具備上述資格的話，以日數推算，當然在九月底以前無法取得，因為未到九月底凡不夠一百八十日，故必須等到九月底或以後才能取得有薪假期或半薪疾病津貼，而於四月一日至九月底前的一般期間，包括了清明節，端午節，中秋節在內。……
>
> （《華僑日報》，1962 年 4 月 2 日）

換言之，第一個能享用的有薪法定假期，是 1962 年底的冬至日了。

根據一份 1963 年的報道，指出：「關於一九六一年工業僱傭（給工資假以與疾病津貼）條例……凡適用本條例之工人，於一年當中，得享受下開法定六天假期：（甲）農曆年初一；（乙）農曆年初二；（丙）清明節日；（丁）端午節日；（戊）中秋節日；（己）冬至節日。」（《華僑日報》，1963年 6 月 10 日）當年，為了提醒僱主已新增了一種「勞工假」，政府會透過報章作出解釋：「勞工署一名發言人今日宣稱：四月五日清明節，是日將為勞工階級法定假期。該天各工人將獲放假一天而資方應照給予薪金。……該發言人稱：在獲准六天假期前，工人在一年內須工作不少過一百八十日及在獲假前的二十八天工作在二十日以上。」（《香港工商晚報》，1966 年 3 月 29日）要知道，法定假期是適用於任何階層的人士，就算是低收入階層，只要合符資格，都可以享用有薪假期。其中，法例上曾清楚指出：「凡受僱於工業經營之勞力工人及月薪不超過七百元之非勞工人，於一年中得享有六個假日；農曆年初一，農曆年初二，清明節，端午節，中秋節及冬節。」（《華僑日報》，1966 年 12 月 9 日）

當時，許多僱主都不願意為工人在公眾假期時支付薪金。於 1966 年年底，有報道指：「勞工處為勞工僱傭條例發出的警告為五百八十一宗，這些警告可能包括未予工友有薪假期等項在內，足見這些問題實際上若干工廠東主仍然陽奉陰違，對此未加理會。但是在勞工處嚴為防範之下，相信此種情況是可以漸漸改善的。」（《華僑日報》，1966 年 12 月 4 日）

1968 年 9 月，立法局通過新的《僱傭條例》，同時把中秋節假從正日改為翌日，即農曆八月十六為假期，以配合華人傳統在中秋節晚上慶祝及賞月，因而改在中秋節之後才放假。這個安排跟公眾假期一致，把假期放在節日翌日，而不是在節日正日。

1974 年，法定假日的條文則納入《僱傭條例》內，使《僱傭條例》涵蓋

●《香港工商日報》，1968 年 6 月 5 日

●《華僑日報》，1991 年 1 月 28 日

的所有僱員，不論是否受僱於工業機構，一律可以獲得法定假日。

法定假日的日數經過多次的修訂，得以逐漸增加。1977 年增至每年十日，新增有元旦、農曆年初三、重陽節，以及一日浮動假期；1983 年再增加一日浮動假期至十一日。到回歸的 1997 年，政府取消了兩日浮動假期，但同時增加香港特別行政區成立紀念日和國慶日，令工人可享有的法定假期日數不變。1999 年，又增加勞動節為法定假期至十二日。儘管法定假期的數目有所增加，但與每年十七日的公眾假期相比，仍然是少了五日。

2021 年 5 月 19 日，時任香港特區政府政務司司長張建宗表示，立法會現正審議特區政府提交的《2021 年僱傭（修訂）條例草案》（條例草案），該草案將香港《僱傭條例》下法定假日的天數從十二天逐步增至十七天。其後，條例草案於 2021 年 7 月 7 日獲立法會通過，而首個新增法定假日，即農曆四月初八日的佛誕，於立法後的第二年（即 2022 年）實施。

2022 年及之後新增的法定假期

開始年份	新增法定假日	法定假日總日數
2022 年	佛誕	13
2024 年	聖誕節後第一個週日	14
2026 年	復活節星期一	15
2028 年	耶穌受難節	16
2030 年	耶穌受難節翌日	17

換言之，在 2030 年之前，要是公眾及法定假期的條例沒有修訂的話，公眾假期和法定假期的數目會變成相同，所放假的日子基本上也是一致，或許，將來可能已不用區分公眾假期和法定假期，可以統一為公眾假期了。

公眾假期	法定假期
一月一日	✓
農曆年初一	✓
農曆年初二	✓
農曆年初三	✓
清明節	✓
耶穌受難節	由 2028 年開始（新增第 16 日）
耶穌受難節翌日	由 2030 年開始（新增第 17 日）
復活節星期一	由 2026 年開始（新增第 15 日）
勞動節翌日	✓
佛誕翌日	由 2022 年開始（新增第 13 日）
端午節	✓
香港特別行政區成立紀念日	✓
中秋節後第二日	✓
國慶日	✓
重陽節	✓
聖誕節後第一個週日	由 2024 年開始（新增第 14 日）
聖誕節後第二個週日	✓（或冬節）

最新修訂的公眾假期及法定假期的安排。

一、年初四嗽嘅樣？

每年農曆新年三天假期過後，許多香港人都喜歡說一句口頭禪，就是：「年初四嗽嘅樣」。這句帶有假日時令性的說話，是出自 1998 年上映的電影《行運一條龍》的經典對白。

由於這齣電影是賀歲片，片中這句「年初四嗽嘅樣」，正好道出了一眾「打工仔」的心聲，於是，這句話特別容易令人留下印象。

什麼是「年初四嗽嘅樣」？在電影中是這樣描述的：

周星馳（水哥）：「（佢係）點嘅樣？」

吳孟達（李老闆）：「年初四嗽嘅樣。」

周星馳（水哥）：「咩話？年初四嗽嘅樣？」

鄭文輝（輝仔）：「點解水哥面都青埋嘅？」

吳孟達（李老闆）：「年初四，假又放完，錢又使曬，工又要返，點會有好樣呀！」

在連續三天假期之後，許多人仍有放假心態，不願上班。對不少人來說，三天假期顯然是不足夠的。畢竟，在這三天假期裡，不是忙著拜年賀年，就是忙著去玩，身體沒有足夠的休息，卻又要上班工作。於是，在年初四這天上班，卻仍被假期節日的氣氛所渲染，很容易無心工作。「年初四嗽嘅樣」，正正就是「假又放完，錢又使曬，工又要返，點會有好樣呀！」

無論你覺得三天假期是否足夠，要知道，這三天連續假期也是得來不易的。在香港早年所規定的公眾假期表中，只有一天假期，後來才增加至兩天假期，即只有農曆年初一和年初二，至於年初三已經是上班日了。這個情況

一直維持到 1960 年代,農曆新年的公眾假期才多了一天,變成三天連續假期;而到了 1968 年才規定年初三是法定假期,成為大部分市民都可享有的有薪假期。

在殖民地年代,假期是以西方節慶為主,鮮有中國傳統節日的假期。因此,代表新曆新年的 1 月 1 日只有一天假期,而對中國的農曆新年同樣有假期,已經是不錯的安排了。不過,華人很重視農曆新年,只有一天或兩天的假期肯定是不足夠的。為了滿足香港市民對農曆新年假期的要求,到了 1960 年代,終於增加至三天連續假期。這個安排,便維持到現在。

如果農曆新年的公眾假期和法定假期沒有增加的話,年初三已經是上班日,那麼,口頭禪要變成「年初三嗽嘅樣」了。

二、與英國王室成員有關的假期

在殖民地時代,香港每年都會把英女王的壽辰列為公眾假期。在一份 1880 年的報章上,就有這樣的報道:「十六日為英皇后千秋佳節,所有港中銀行循例放假。午刻,則岸上砲台及英水師兵船發砲慶賀。蓋西國之例,其禮有如是也。」(《循環日報》,1880 年 5 月 24 日)當時,為這位英國皇后慶祝生日的,就是維多利亞女王。從報道所知,當時,香港還要鳴放禮砲,以示向英女王祝賀生辰。

至於在 2022 年離世的英女王是伊利沙伯二世,她的出生日期是 1926 年 4 月 21 日。因此,在殖民地時代,香港有一段時間規定在 4 月 21 日列為公眾假期。如果 4 月 21 日當天是星期日,才會另定日子作為英女王壽辰的公眾假期補假。到了 1980 年代初,香港亦按照英國的做法,將英女王壽辰改

為每年 6 月第二或第三個星期六，以及隨後的星期一。到了香港主權移交後，特區政府取消了英女王壽辰的公眾假期。換言之，香港最後一次慶祝英女王壽辰而享有公假假期的，是 1997 年 6 月 28 日。

除了英女王壽辰外，有主要的英國王室成員訪港或有重要的慶祝事件，都有機會列為特別增加的公假假期。例如 1981 年 7 月 29 日英國王儲查理斯王子與戴安娜婚禮、1986 年 10 月 22 日英女王伊利沙白二世訪港等，香港亦跟隨英國政府，將當天定為額外的公眾假期。

當然，有時與王室有關的重大事件，只會列入學校假期，並沒有正式成為全港假期。比方說，1947 年 11 月 20 日是伊利沙白公主大婚日，只列入學校假期；又在 1961 年 11 月 8 日是雅麗珊郡主訪港、1979 年 3 月 7 日查理斯王子訪港，教育司署批准學校額外放假一天，而沒有宣佈成為公眾假期。

三、最多公眾假期的年份

香港的公眾假期是按法例規定的，儘管在特殊的日子裡，可以增加假期數目，但每年的假期數目差別不會太大。

戰後，經過多次法例的修訂，香港公眾假期的日數於 1968 年開始定為十七日。在特別的日子裡，政府可按照需要而增加公眾假期日數，例如在 1981 年 7 月 29 日查理斯王子與戴安娜婚禮，就額外增加多一日公眾假期。

然而，在過往的歷史中，有一年的公眾假期數目是特別多的，那年就是 1997 年的回歸年。這是由於 1997 年 6 月 30 日之前，公眾假期按英國政府規定而立；而在 7 月 1 日之後，則以中國政府的規定而設。換言之，在 1997 年的上半年，香港可享有英國色彩的假期，如英女王壽辰；而在下半年，則

可以有與中國有關的假期，如國慶日等。

於是，在兩個不同體制的結合下，比以往一年十七日的公眾假期不同。1997 年，香港共有二十日公眾假期；到了 1998 年，香港又回復一年十七日的公眾假期。

在回歸前，公眾假期早已安排好，而所增加的假期都是回歸後的事。根據立法會規定的《假日（1997 年及 1998 年）條例》，在回歸後，新增了三日額外法定假期，以及五日的額外公眾假期。

附表 1　1997 年的額外法定假日

[第 2（1）條]		
香港特別行政區成立日	星期二	1997 年 7 月 1 日
香港特別行政區成立日翌日	星期三	1997 年 7 月 2 日
國慶日	星期三	1997 年 10 月 1 日

附表 2　1997 年的額外公眾假期

[第 2（2）條]		
香港特別行政區成立日	星期二	1997 年 7 月 1 日
香港特別行政區成立日翌日	星期三	1997 年 7 月 2 日
抗日戰爭勝利紀念日	星期一	1997 年 8 月 18 日
國慶日	星期三	1997 年 10 月 1 日
國慶日翌日	星期四	1997 年 10 月 2 日

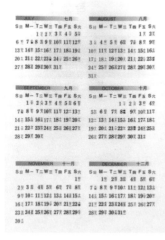

德記印務公司
TAK KEE PRINTING COMPANY

本公司自設電腦鐳射，電腦出菲林等，
由起稿至印刷全部無需外求，可為貴公司提供最佳最快的印刷服務。
電話: 2498 8607, 2411 2528
FAX: 2412 1341
承印:日曆月曆，信封信紙，胸咭掛牌，卓牌咭片，
電腦單據，彩色膠貼紙，彩色產品目錄，說明書，宣傳單張等。

一九九七年公眾假期

所有星期日

香港回歸祖國		
特別行政區成立日	星期二	七月一日
特別行政區		
成立日第二天	星期三	七月二日
抗日戰爭勝利		
紀念日	星期一	八月十八日
中秋節翌日	星期三	九月十七日
國慶節	星期三	十月一日
國慶節第二天	星期四	十月二日
重陽節	星期五	十月十日
聖誕節	星期四	十二月二十五日
聖誕節第二天	星期五	十二月二十六日

荃灣白田壩街53-61號華偉工業大廈四字樓8-9室
BLK. 8-9, 4/F., WAH WAI INDUSTRIAL BUILDING,
53-61 PAK TIN PAR STREET, TSUEN WAN, N.T., HONG KONG.

德記印務公司
TAK KEE PRINTING COMPANY

本公司自設電腦鐳射，電腦出菲林等，
由起稿至印刷全部無需外求，可為貴公司提供最佳最快的印刷服務。
電話: 2498 8607, 2411 2528
FAX: 2412 1341
承印:日曆月曆，信封信紙，胸咭掛牌，卓牌咭片，
電腦單據，彩色膠貼紙，彩色產品目錄，說明書，宣傳單張等。

一九九七年公眾假期

所有星期日

一月份第一個周日	星期三	一月一日
農曆新年前一日	星期四	二月六日
農曆年初一	星期五	二月七日
農曆年初二	星期六	二月八日
耶穌受難節	星期五	三月二十八日
耶穌受難節翌日	星期六	三月二十九日
復活節星期一	星期一	三月三十一日
清明節	星期六	四月五日
端午節	星期一	六月九日
英女皇壽辰	星期六	六月二十八日
英女皇壽辰後		
第一個星期一	星期一	

荃灣白田壩街53-61號華偉工業大廈四字樓8-9室
BLK. 8-9, 4/F., WAH WAI INDUSTRIAL BUILDING,
53-61 PAK TIN PAR STREET, TSUEN WAN, N.T., HONG KONG.

● 這款年曆卡清楚印上了在回歸 1997 年時，所有二十日假期的資料。

● 同一商戶印製的年曆卡顯示，在 1998 年的公眾假期，已回復了一年
　十七日的公眾假期了。

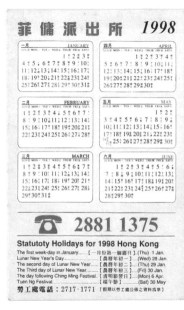

● 大部分年曆卡所提供的資料是公眾假期，但仍有些機構印製的年曆卡，是以勞工假（法定假期）為主。

四、補假

　　一般來說，如果在原定的公眾假期當日，剛巧遇上是星期日或其他假期，政府會安排另一天上班日作「補假」，以維持一年有十七天的公眾假期數目。這對大部分「打工仔」來說，是很好的安排，不僅假期沒有少了，還有機會可以連續兩天休息。

　　然而，如果公眾假期是在星期六，對五天工作的人或毋須在星期六上學的學生來說，有損失一天假期的感覺。

　　對於補假的安排，其實是有規定的。根據《僱傭條例》，如果法定假期適逢星期日，而翌日星期一是工作天，就要將星期一定為假期；至於公眾假期在星期六的話，則沒有補假的安排。

　　較為特殊的情況，是 1983 年至 2010 年間，農曆年初一、二、三和中秋節翌日，與星期日重疊而進行了補假的方式。在 1982 年及之前，這些假日和其他假日一樣，如與星期日重疊，會在該天之後的一日，即農曆年初四和農曆八月十七補假；但後來考慮到有意見認為，如把補假安排於前一天，即在農曆除夕和中秋節正日，可以方便僱員按中國傳統，為家人準備晚餐團聚，以及與家人一起享受節日的氣氛。當然，許多假期都有不同的情況，有時很難為每個假期而作特殊的安排，而最簡單的處理方法，就是劃一處理。

　　於是，政府於 2011 年提出修訂，日後上述假日如與星期日重疊，將改於該天後，即農曆年初四和八月十七補假，該修訂於 2011 年 12 月 14 日通過，並於 2012 年 2 月 24 日生效。

　　當年所提出的修訂公告如下：

《2011 年公眾假期及僱傭法例（補假安排）（修訂）條例》已於 2012 年 2 月 24 日開始生效，對《僱傭條例》及《公眾假期條例》作出修訂，以更改在農曆新年的首三日中任何一日或中秋節翌日適逢星期日的情況下，替代成為法定假日及公眾假期的日子。

　　根據修訂條例，當農曆年初一、年初二或年初三適逢星期日時，會以農曆年初四替代成為法定假日及公眾假期。同樣地，當中秋節翌日適逢星期日時，則以中秋節翌日之後的第一日（即農曆八月十七日）替代成為法定假日及公眾假期。至於其他法定假日及公眾假期的補假安排，則不會受是項法例修訂影響。

　　2013 年農曆年初一（2 月 10 日），為該修訂生效後，首次農曆年初一與星期日重疊，故以農曆年初四（2 月 13 日）星期三補假，也為該修訂生效後首次實行新安排。

　　根據這種補假方式，與星期六重疊的公眾假期（或其補假），每年最多可達六天（英治時期）或五天（特區時期）。例如 2009 年和 2010 年，便連續兩年出現這種情況：2009 年與星期六重疊的公眾假期，有清明節、耶穌受難節翌日、佛誕和聖誕節後第一個週日，且由於該年中秋節翌日與星期日重疊，故以中秋節（即星期六）補假；2010 年與星期六重疊的公眾假期，則有耶穌受難節翌日、勞動節、重陽節和聖誕節，且由於該年農曆年初一與星期日重疊，故以農曆除夕（即星期六）補假。即連續兩年，與星期六重疊的公眾假期（或其補假），均為達上限的五天。

五、額外假期

現在，香港的公眾假期規定在一年十七日。對僱員來說，有薪假期越多越好，十七日假期怎會足夠呢？當然會希望假期越多越好。那麼，其他地區的公眾假期日數，又有多少呢？

在此舉幾個經常與香港作比較的國家的為例，她們的公眾假期數目是：日本一年有十六日公眾假期，美國有十一日，新加坡同樣有十一日。相比之下，香港的公眾假期日數其實是不算少的。

其中，最重要的是，香港一年十七日的公眾假期並不是法定的上限。如果有需要的話，政府可以透過立法而增加公眾假期的數目。就以回歸之後來說，香港曾經有三次因不同的理由而增加公眾假期。

誠如前文所述，第一次增加公眾假期是 1997 年，當年全年共有二十日公眾假期。

第二次額外增加公眾假期是 1999 年，為「千禧年」的來臨而定了額外一日的假期。在 1999 年 7 月 8 日的立法會討論上，曾就準備應付千年蟲數位問題方面而提出是否放假，以作準備。當時，立法會議員亦提出應該是 1999 年 12 月 31 日設為假期，還是在 2000 年 1 月 3 日。當時的立法會紀錄有這樣的記載：「我（單仲偕議員）記得在這個立法會內，第一次提及就千年蟲放假的問題，是蔡素玉議員，她問政府，會否訂出一天假期以便進行測試。當時沒有人說會放假進行測試。不過，我覺得政府應考慮放假一天以作好準備應付千年蟲。政府現在決定將 12 月 31 日訂為假期，即是說政府現在已完全排除 1 月 3 日放假的可能性。其實，有些國家在 12 月 31 日不會為此目的放假，而是揀在 1 月 3 日放假的。選擇在 1 月 3 日放假亦當然有其好處。香港屆時會面臨一個潛在的『風險』——我們不要說那是『危機』，因

為在 1 月 3 日，我們有機會成為全球第一個開市的股市，所以始終有一個風險存在。」最後，經過一輪的討論後，終於在立法會通過立法增加假期。

第三次額外增加公眾假期是在 2015 年，適逢中國抗日戰爭勝利 70 週年，中國國務院在 5 月 13 日宣佈將同年 9 月 3 日抗日戰爭勝利紀念日列為法定假日，全國放假一日。香港特區政府亦跟隨這個做法，將當年 9 月 3 日定為一次性公眾假期及法定假日。

額外的公眾假期是有特殊性的，並不是恆常的假期，並且需要透過立法而決定，所以，這種公眾假期真是機會難逢。

六、學校假期

除了「打工仔」關心自己可以獲得多少假期外，學生也擔心自己的假期有沒有減少。

當然，學生享用的是學校假期，跟公眾假期和法定假期不同。原則上，所有公眾假期和法定假期都是學校假期，學生所享用的假期比「打工仔」多好幾倍。以現行的學校假期為例，撇除星期六及星期日，學校假期維持在每年九十日。其中，以暑假假期最長，連星期六及星期日在內，差不多有一個半月的日子。

在回歸前，有兩個關於重光紀念日的公眾假期定在 8 月的暑假之內，許多學生根本沒有留意到這兩天是公眾假期。1945 年 8 月 15 日，第二次世界大戰結束，長達三年零八個月的香港日治時期亦告結束。同年 8 月 30 日，英國皇家海軍夏慤少將指揮的艦隊抵達維多利亞港，宣告香港重光，英國恢復在香港的統治。1946 年，香港政府將 8 月 30 日定為「重光紀念日」，並

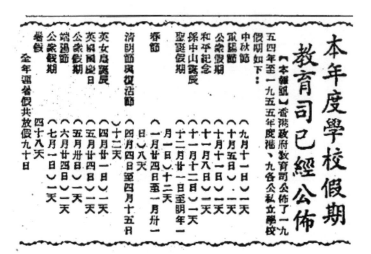

● 學校假期一年有九十日的規定，其實，在 1950 年代已經開始。（《大公報》，1954 年 9 月 6 日）

列入香港公眾假期。1968 年，紀念日改在 8 月第一個星期一及 8 月最後的星期一；1983 年，又改在 8 月最後的星期一之前一個星期六及 8 月最後的星期一。

回歸後，重光紀念日連同英女王壽辰共四天的公眾假期，換成勞動節、佛誕、香港特別行政區成立紀念日、國慶日。用四天假期換了另外四天，但當中全不涉及原本的學校假期，於是，在感覺上，學生的假期好像多了。其實，學校的假期數量並沒有增加，只是改變了日期而已。

根據教育局於 2020 年公佈的資料顯示，全日制學校的上學日數一般不應少於 190 日；半日制小學則要包括最少 19 日（79÷2÷2）星期六長週上

學日，因此全年上學日數不應少於 209 日（即 190+19）。至於假期則以九十日為限。

一般九十日學校假期的計算方法：

（甲）下列日子均計算在九十日學校假期內：

公眾假期（星期日除外）。

學校列明為學校假期的任何日子。

在長達一星期或以上的學校假期中（如聖誕節、農曆新年、復活節、暑假及一些混合其他公眾假期的學校假期），期間的星期六及星期日，以及緊接該假期後的星期六（可參考校曆例子）。

（乙）下列日子不應計算在九十日學校假期內：

在長達一星期或以上的學校假期中（如聖誕節、農曆新年、復活節、暑假及一些混合其他公眾假期的學校假期），學校假期開始前的星期六及星期日，以及假期後的星期日（可參考校曆例子）。

七、宗教假期

香港是宗教自由的地方，其中以六宗教的信徒最多。所謂六宗教，分別是：天主教、基督教、佛教、道教、伊斯蘭教和孔教。

在現行的十七天公眾假期中，涉及宗教假期的，有復活節、聖誕節和佛誕。這三個公眾假期屬於天主教、基督教和佛教。那麼，道教、伊斯蘭教和孔教，又有沒有公眾假期呢？

在殖民地時期，香港的公眾假期有復活節、聖靈降臨節和聖誕節；其他宗教均沒有假期。回歸後，香港新增了佛誕為公眾假期，形成了現行有宗教

色彩的公眾假期。香港能否增加其他宗教的假期呢？

由於香港的十七天公眾假期數目是固定的，換言之，要增加一個假期，其實同時要減少一個假期。簡單來說，以現行的情況來說，公眾假期不可能增加，只可以「交換」。以佛誕來說，政府於 1998 年提出分別將勞動節和佛誕日列為公眾假期，取代原先的抗日戰爭勝利紀念日及國慶日翌日。佛誕能成為公眾假期，是用其他假期來「交換」的。因此，如果要把道教、伊斯蘭教和孔教的假期列入公眾假期內，必須以其他假期作交換。

孔教和道教一直申請把孔聖誕和道祖誕列入公眾假期，情況就如佛誕一樣。2006 年，孔教學院認為孔子是中國文化的象徵，提出要求將孔聖誕（農曆八月廿七）作為公眾假期，並扣除復活節假期其中一天。此外，在 2000 年代起，香港道教聯合會認為香港有不少信奉道教的人，爭取道祖（老子）誕列為公眾假期，應該得到不少市民的支持。

當中最大的困難是，只要扣減復活節，就是把一連幾天的復活節假期「打散」。這個做法，可能有部分市民會提出異議，很難得到大部分市民的支持。

現在，政府在 2013 年，將每年 3 月第二個星期日定為道教日，並於 2014 年將每年 9 月第三個星期日定為孔聖誕日。以訂立這個非公眾假期式的宗教節日，暫時算是處理了問題。至於將來怎樣處理孔聖誕和道祖誕，則作日後商討。

其實，宗教節日應否列為公眾假期，並不是香港才有的問題。新加坡是一個多元信仰的國家，當地的公眾假期有十一天，當中包含了南傳佛教的衛塞節、伊斯蘭教的開齋節和哈芝節、基督教的耶穌受難日和聖誕節、印度教和錫克教的屠妖節等。由此可知，新加坡的假期不像香港一樣，可以享有一連幾天的公眾假期了。

2022 年新加坡公眾假期資料

公眾假期名稱	公曆日期	星期
新年	1 月 1 日	星期六
農曆新年	2 月 1 日	星期二
農曆新年第二天	2 月 2 日	星期三
耶穌受難日	4 月 15 日	星期五
勞動節	5 月 1 日（5 月 2 日補假）	星期日（星期一補假）
開齋節	5 月 3 日	星期二
衛塞節	5 月 15 日（5 月 16 日補假）	星期日（星期一補假）
哈芝節	7 月 10 日（7 月 11 日補假）	星期日（星期一補假）
國慶日	8 月 9 日	星期二
屠妖節	10 月 24 日	星期一
聖誕節	12 月 25 日（12 月 26 日補假）	星期日（星期一補假）

2023 年新加坡公眾假期資料

公眾假期名稱	公曆日期	星期
新年	1 月 1 日（1 月 2 日補假）	星期日（星期一補假）
農曆新年	1 月 22 日（1 月 24 日補假）	星期日（星期二補假）
農曆新年第二天	1 月 23 日	星期一
耶穌受難日	4 月 7 日	星期五
開齋節	4 月 22 日	星期六
勞動節	5 月 1 日	星期一

衛塞節	6月2日	星期五
哈芝節	6月29日	星期四
國慶日	8月9日	星期三
屠妖節	11月12日（11月13日補假）	星期日（星期一補假）
聖誕節	12月25日	星期一

八、浮動假期

在回歸前的法定假期中，有兩日是浮動假期。什麼是浮動假期呢？

根據最初訂立《僱傭條例》時規定，浮動假期是每年十日法定假期中，佔有兩日。僱主須於每年年底，指定下一年浮動假期的日子，並在工作場所張貼有關訊息，讓所有僱員都知道浮動假期的安排。換言之，法定假期可以由僱主作安排（當然也可以跟僱員協商），具有一定的彈性。而這個彈性安排需要預先公佈，不能隨時改動，也不可以臨時安排。

如果僱員要在法定假期工作，則僱主要在法定假期之前或之後的六十日內，給予僱員另定假期。為了讓僱員可以好好安排所改動的法定假期，必須要在假期前通知僱員，而通知亦有時限。僱主在法定假期前給予僱員另定法定假期，則要在另定假期前四十八小時作出通知；而在法定假期後才另定假期的，則要在法定假期前至少四十八小時通知僱員。

在一份1980年的報道中，有這樣的描述：「勞工處發言人昨日提醒僱主，倘若未有按照《僱傭條例》規定，於去年底指定今年浮動假日之日期，及在七月一日（七月份第一個週日）未給予其僱員一日假期，則必須在八月

四日（八月份第一個星期一）給予其僱員假期一天。」（《香港工商晚報》，1980 年 7 月 27 日）

當然，如果僱主並沒有計劃安排浮動假期的日子，也可以參考由勞工處所建議的浮動假期日。「勞工處發言人今晨提醒僱主，假如他們尚未訂定浮動假期的日子，他們可以選擇七月二日或八月六日作為僱員假期。」（《香港工商晚報》，1979 年 6 月 21 日）

現在，香港已取消了浮動假期，無論是公眾假期還是法定假期，所有安排都是清清楚楚。

九、公眾假期就是銀行假期？

在最初訂立香港的假期時，分為公眾假期和銀行假期，兩者是不一樣而又著密切的關係。在一般情況下，兩者之間幾乎可以加一個等號。

現在，我們很少說銀行假期，主要是在戰後的香港公眾假期安排中，幾乎已沒有用這個名詞了。

在公眾假期裡，銀行、政府部門和公營機構需要暫停辦公；而且，在最初訂立公眾假期時，的確是有考慮利用公眾假期去暫停銀行或其他金融交易，藉以希望社會可以得到真正的休息。於是，公眾假期也就是銀行、政府部門和公營機構的假期。基於這個理由，公眾假期就是銀行假期，兩者應該是一樣的。

然而，香港曾經試過由政府宣佈的特別銀行假期，但又不屬於公眾假期的事件。這件事發生在 1971 年，當年的報紙是這樣報道：「政府昨晚宣佈，今日（星期一）為銀行假期，所有銀行今日暫停營業……行政局昨日（星

期日）召開特別會議，宣佈今日為銀行假期，是根據港督會同行政局的決定而採取的……政府發言人解釋謂：今日雖為銀行假期，但並非公眾假期。發言人說：『各銀行將暫停公開營業，但是所有政府機關、學校將如常辦公，而其他工商業亦將如常進行。』」（《華僑日報》，1971年12月20日）

政府臨時把1971年12月20日定為銀行假期，因為當時發生調整美元價格，美元宣佈貶值百分之七點八九，香港政府需要暫停外匯市場，以考慮美元匯率的改變，對香港所帶來的影響。

事後，政府對宣佈1971年12月20日為銀行假期，藉以暫停銀行的業務一事，認為是「最滿意的安排」。「財政司（夏鼎基爵士）是在立法局答覆鍾士元議員之問題時發表上述談話。他繼續解釋謂：『雖然當時可以請求銀行暫停外匯交易，但我們只能請求而無別法可施，因為除了宣佈該日為銀行假期外便沒法將外匯市場關閉。』」（《華僑日報》，1972年1月6日）

從這件事可以知道，儘管公眾假期和銀行假期的關係密切，但在必要時，兩者仍是可以分開處理，即銀行假期又不一定是公眾假期。

十、澳門公眾假期

澳門的假期大致上可以分為四類：「休息日」、「公眾假期」、「補假日」和「豁免上班日」。

根據澳門特區政府的規定，休息日是指星期六及星期日。而補假日是因為公眾假期與休息日重疊而出現的補行放假；至於豁免上班日則是指公曆除夕和農曆除夕兩日，如果不是休息日的話，可以列半日為豁免上班日。

跟香港只有一海之隔的澳門，同樣是特別行政區，但兩地的公眾假期仍

存在一定的差別。

澳門的公眾假期共有二十日，相對只有十七日公眾假期的香港來說，共多了三日。當中，大部分的公眾假期是一致的。如果以月份來作對照，以12月份的公眾假期分別最大。

在12月份裡，香港只有聖誕節的公眾假期，一般來說是有兩日。至於澳門則有五日公眾假期，除了跟香港相同的聖誕節假期外，還有一日是澳門特別行政區成立紀念日，另外兩天則是西方宗教節日，以及中國傳統節日，分別是聖母無原罪瞻禮和冬至。因此，僅在12月份裡，澳門的公眾假期佔了全年共二十日的四分之一，是最多公眾假期的月份。

此外，在公眾假期的補假方面，香港和澳門兩地都有些微的分別。如果在公眾假期遇上星期日，香港會在另外一日（多數是星期日之後的星期一），進行公眾假期的補假。以2022年為例，香港在公眾假期安排方面，有這樣的規定：「由於2022年的勞動節及佛誕皆為星期日，故該兩天的翌日將訂為補假。另外，由於2022年的中秋節翌日為星期日，故中秋節後第二日將訂為補假。此外，由於2022年的聖誕節為星期日，故聖誕節後第二個週日將訂為補假。」

在2023年裡，也有類似的安排。「由於2023年的1月1日及國慶日皆為星期日，故該兩天的翌日將訂為補假。此外，由於2023年的農曆年初一為星期日，故農曆年初四將訂為補假。」

因此，在公眾假期的補假安排下，大部分市民可以享有兩天或三天的連續假期。

至於在澳門方面的補假，並不是大部分市民可以享受得到。在2018年修例之前，即使公眾假期與休息日的日期重疊，在沒有政府的另行批示下，市民不會享有補假；而在2019年實施的《澳門公共行政工作人員通則》，根

據第七十九條第四款規定，如公眾假期與星期六或星期日重疊，則於下一工作日獲得補假。不過，這個補假只限於公共行政人員使用，並不包括所有澳門市民。

由於 2024 年有些公眾假期的日子是在星期六或日，所以另外有幾天會訂為公共行政工作人員補假日，包括：2 月 13 日為農曆正月初一的補假；2 月 14 日為農曆正月初二的補假；4 月 1 日為復活節前日的補假；11 月 4 日為追思節的補假；12 月 9 日為聖母無原罪瞻禮的補假；而 12 月 23 日為冬至的補假。

此外，安排在公曆除夕和農曆除夕兩天進行，然而，在特殊的情況下，澳門政府也可以在指定日子列明是豁免上班日。這類額外的假期具特殊性，不是常規的安排。例如在 2018 年 9 月 17 日，因前一天 9 月 16 日受到颱風山竹對澳門造成重大影響，故把颱風襲澳的第二日，列為豁免上班日。2020 年，澳門曾有額外八天的豁免上班日，就是在 2020 年 2 月 8 日至 16 日，因應目前新型冠狀病毒肺炎疫情的發展和防疫的需要，為減少疾病傳播的風險而作出的特殊安排。

2023 年香港與澳門公眾假期對照表

香港假期名稱（十七日）	日期	澳門假期名稱（二十日）
	1 月 1 日	元旦
一月一日翌日	1 月 2 日	
	1 月 22 日	農曆正月初一
農曆年初二	1 月 23 日	農曆正月初二
農曆年初三	1 月 24 日	農曆正月初三
農曆年初四	1 月 25 日	
清明節	4 月 5 日	清明節
耶穌受難節	4 月 7 日	耶穌受難日
耶穌受難節翌日	4 月 8 日	復活節前日
復活節星期一	4 月 10 日	
勞動節	5 月 1 日	勞動節
佛誕節	5 月 26 日	佛誕節
端午節	6 月 22 日	端午節
香港特別行政區成立紀念日	7 月 1 日	
中秋節翌日	9 月 30 日	中秋節翌日
	10 月 1 日	中華人民共和國國慶日
國慶日翌日	10 月 2 日	中華人民共和國國慶日翌日
重陽節	10 月 23 日	重陽節
	11 月 2 日	追思節
	12 月 8 日	聖母無原罪瞻禮

香港假期名稱（十七日）	日期	澳門假期名稱（二十日）
	12 月 20 日	澳門特別行政區成立紀念日
	12 月 22 日	冬至
	12 月 24 日	聖誕節前日
聖誕節	12 月 25 日	聖誕節
聖誕節後第一個週日	12 月 26 日	

2024 年香港與澳門公眾假期對照表

香港假期名稱（十七日）	日期	澳門假期名稱（二十日）
一月一日	1 月 1 日	元旦
農曆年初一	2 月 10 日	農曆正月初一
	2 月 11 日	農曆正月初二
農曆年初三	2 月 12 日	農曆正月初三
農曆年初四	2 月 13 日	
耶穌受難日	3 月 29 日	耶穌受難日
耶穌受難日翌日	3 月 30 日	復活節前日
復活節星期一	4 月 1 日	
清明節	4 月 4 日	清明節
勞動節	5 月 1 日	勞動節
佛誕節	5 月 15 日	佛誕節
端午節	6 月 10 日	端午節
香港特別行政區成立紀念日	7 月 1 日	

香港假期名稱（十七日）	日期	澳門假期名稱（二十日）
中秋節翌日	9 月 18 日	中秋節翌日
國慶日	10 月 1 日	中華人民共和國國慶日
	10 月 2 日	中華人民共和國國慶日翌日
重陽節	10 月 11 日	重陽節
	11 月 2 日	追思節
	12 月 8 日	聖母無原罪瞻禮
	12 月 20 日	澳門特別行政區成立紀念日
	12 月 21 日	冬至
	12 月 24 日	聖誕節前日
聖誕節	12 月 25 日	聖誕節
聖誕節後第一個週日	12 月 26 日	

第 149 章《公眾假期條例》

本條例旨在綜合並修訂與公眾假期有關的法律。[1]

（由 1967 年第 19 號第 2 條修訂）

[1947 年 1 月 10 日]

（格式變更 —— 2012 年第 2 號編輯修訂紀錄）

1. 簡稱

本條例可引稱為《公眾假期條例》。

（由 1998 年第 35 號第 2 條修訂）

2. 釋義

在本條例中，除文意另有所指外 ——

公眾假期（general holiday），除第 4 及 7 條另有規定外，指所有銀行、教育機構、公共機構辦事處及政府部門遵守為假期的日子。[2]

（由 1967 年第 19 號第 3 條修訂）

1　該條例編輯附注：
　　有關 ——
　　(a) 1981 年的公眾假期，並參看 1981 年第 39 號；
　　(b) 1986 年的公眾假期，並參看 1986 年第 35 號；
　　(c) 1997 年的公眾假期，並參看 1996 年第 294 號法律公告、1997 年第 84 號及 1997 年第 111 號第 2(2) 及 (3) 條；
　　(d) 1998 年的公眾假期，並參看 1997 年第 111 號第 3 條；
　　(e) 由 1998 年第 35 號第 4 條取代的公眾假期附表，參看法例編正版；
　　(f) 2015 年的公眾假期，並參看 2015 年第 9 號第 2(a) 條。

2　該條例編輯附注：
　　請參閱第 279 章第 85A 條及第 320 章第 13 條。

3. 公眾假期

除第 6 條另有規定外，附表所指明的日子即為公眾假期。

（由 1983 年第 70 號第 2 條代替）

4. 政府部門或法院在公眾假期辦公

(1) 即使本條例或其他法律有相反的規定，政府部門首長如認為為了公眾服務的利益或方便公眾而有需要，可安排任何辦事處在公眾假期辦公和安排該處的工作在公眾假期進行，並要求在其部門服務的人在公眾假期執行他們的職責及職能。

(2) 即使本條例或其他法律有相反的規定，終審法院首席法官可指示任何法院或法院屬下辦事處在公眾假期辦公，以辦理終審法院首席法官認為適當的事務，終審法院首席法官並可要求在該等法院或辦事處服務的人在公眾假期執行他們的職責及職能。*（由 2002 年第 14 號第 3 條修訂）*

（由 1967 年第 19 號第 6 條代替）

5. 無須在公眾假期辦理與可轉讓票據有關的事項

除《匯票條例》（第 19 章）第 14 條另有規定外，任何人在公眾假期無須辦理與可轉讓票據有關的付款事宜或作出其他作為，包括辦理拒付紀錄或拒付證明，但付款或作出其他作為的一切義務須於其後第一個並非公眾假期的日子履行。

6. 增補或代替的公眾假期以及附表的修訂

(1) 立法會可藉決議 ——

(a) 指定任何一年的任何一日為公眾假期，以增補或取代附表所指

明的任何日子；

(b) 按以下方式修訂附表 ——

(i) 增補任何日子為附表所列的公眾假期，或從該假期表中刪除任何日子；

(ii) 更改任何公眾假期的名稱或所定日子；

(iii) 為使修訂完全生效，訂立有需要訂立或適宜訂立的條文，包括賦權行政長官更改公眾假期日子的條文，作為上述增補或更改事項的補充。*（由 2000 年第 54 號第 3 條修訂）*

(2) 除根據第 (3) 款另有指定外，如於任何一年內兩個公眾假期適逢在同一日，則該日之後第一個並非公眾假期的日子，即為該年增補的公眾假期。*（由 1998 年第 35 號第 3 條代替）*

(3) 行政長官會同行政會議可藉在憲報刊登的命令指定任何一年的任何一日為增補的公眾假期，以取代本屬第 (2) 款規定為該年內增補的公眾假期的另一日。*（由 1998 年第 35 號第 3 條增補）*

（由 1983 年第 70 號第 3 條代替）

7. 裁判官可在公眾假期行事

常任裁判官及特委裁判官可在任何日子行使在香港生效的成文法則所授予的司法管轄權及權力，不論該日是否公眾假期。

（由 1955 年第 43 號第 2 條增補。由 1995 年第 13 號第 34 條修訂）

附表

[第 3 及 6 條]

公眾假期 [3]

(a) 每個星期日；

(b) 1 月 1 日（如該日為星期日，則改為翌日）；

(c) 農曆年初一（如該日為星期日，則改為農曆年初四）；（由 2011 年第 23 號第 3 條修訂）

(d) 農曆年初二（如該日為星期日，則改為農曆年初四）；（由 2011 年第 23 號第 3 條修訂）

(e) 農曆年初三（如該日為星期日，則改為農曆年初四）；（由 2011 年第 23 號第 3 條修訂）

(f) 清明節（如該日為星期日，則改為翌日）；

(g) 耶穌受難節；

(h) 耶穌受難節翌日；

(i) 復活節星期一；

(j) 勞動節，即 5 月 1 日（如該日為星期日，則改為翌日）；

(k) 佛誕，即農曆四月八日（如該日為星期日，則改為翌日）；

(l) 端午節（如該日為星期日，則改為翌日）；

(m) 香港特別行政區成立紀念日，即 7 月 1 日（如該日為星期日，則改

---

3 該條例編輯附注：
1999 年 12 月 31 日獲指定為根據本條例第 6(1) 條增補的公眾假期（見 1999 年第 191 號法律公告）。

為翌日);

(n) 國慶日,即 10 月 1 日(如該日為星期日,則改為翌日);

(o) 中秋節翌日(如該日為星期日,則改為中秋節後第二日)或行政長官會同行政會議藉在憲報刊登的命令指定取代該日的另一日;*(由 2011 年第 23 號第 3 條修訂)*

(p) 重陽節(如該日為星期日,則改為翌日)或行政長官會同行政會議藉在憲報刊登的命令指定取代該日的另一日;

(q) 聖誕節(如該日為星期日,則改為聖誕節後第二個週日);

(r) 聖誕節後第一個週日。

(由 1998 年第 35 號第 4 條代替)

Chapter.02

年曆卡

香港每年的公眾假期基本上是固定的，但要記住哪天是公眾假期，其實也不算容易。因為香港的公眾假期安排比較複雜，有中國的傳統節日，又有西方的節慶，又有一些是紀念日子，當中，有些公眾假期是以農曆計算，又有以公曆計算，即要用兩種不同的曆法才推算到全年公眾假期的準確日子。

現在，我們習慣了使用公曆，對公曆的應用是不會感到陌生，然而，要是用農曆的話，就要換算為公曆，才方便我們使用。舉例說，與西方有關的節慶日子，如1月1日的新年（元旦）、12月25日的聖誕節等公眾假期，應該不會記錯日子；但與中國傳統節日有關的公眾假期，都是以農曆計算，那就不容易記得了。儘管我們也很清楚知道農曆的曆法，如農曆正月初一是新年、農曆八月十五是中秋，但農曆年初一是公曆的什麼日子呢？那就要由農曆轉換成慣用的公曆，才能準確掌握確定公眾假期的日子。

要由農曆轉換公曆，方法很簡單，只要上網搜尋一下，或使用智能電話所附設的日曆功能，隨時找到你所需要的日子資料。近幾十年的日期資料，全在彈指之中，只要按動幾個鍵，就一目了然。然而，在未電腦化之前，要知道農曆與公曆的資料，最容易處理的，就是用年曆卡了。

以前，年曆卡是很重要的工具，它記載了全年的日子，包括公眾假期等資料，好讓人們安排工作和活動。因此，在不少人的銀包或筆記簿裡，都有一張當年的年曆卡。然而，隨著平板電腦、智能手機的出現，要記錄重要日子或翻查日子，只要啟動平板電腦或智能手機就可以了。

年曆卡具有實用功能，可是，在二十一世紀裡，它的生存空間越來越少。現在，人們多數不會使用年曆卡，把年曆卡推到即將被淘汰的邊沿。

到了今時今日，銀行仍會按照傳統的做法印製年曆卡外，還有電影公司不時會製作年曆卡，作為電影宣傳的手法，其餘還要印製年曆卡的，已為數不多。因此，只要留意銀行或電影推廣，一般都會找到年曆卡。不過，銀行

依舊時沿用名片式呎吋的年曆卡，但只有以前的電影宣傳推廣年曆卡，才會印製這個名片呎吋。

● 1990 年代，仍是錄影帶租貸盛行的時代。有錄影帶公司推出年曆卡，作為電影的推廣。

年曆卡，是用來查看日子的卡片，多數是一面為圖案或廣告，一面為年曆資料；又或者兩面都是年曆資料。當中沒有固定的格式，視乎該年曆卡的實際用途而定。

關於年曆卡的發展歷史，沒有清楚而明確的記載。這裡有個說法，年曆卡是在中國誕生的。有收藏家找到歷史最久遠的年曆卡，是在清光緒三十二年（1906 年），由英國紙煙公司的中國代理商印製的。當時，在新一年到來前，英國紙煙公司印製了一套年曆卡，一面為年曆資料，另一面為英國的街景或香煙的廣告，作為送給顧客的禮物。

這種設計，也是最常見的模式。在年曆卡的百年歷史之中，似乎沒有太大的改變。

舉例來說，銀行每年都會印製年曆卡，就算到了 2023 年，仍有少數銀行會派發年曆卡給有需要的客戶，不過，索取年曆卡的人已經不多，年曆卡的印刷數量應該比以前大幅減少了。從一則新聞報道的內容，就清楚知道以前銀行喜歡印製並派發年曆卡。「本港各大銀行如滙豐、渣打、恒生及遠東等，亦不約而同在年尾的時候向客戶致送多款紀念品，如日記簿、年曆卡、鎖匙扣、利是封、月曆及年畫等。除有送舊迎新的意義外，更藉收宣傳之效。」（《香港工商晚報》，1982 年 12 月 10 日）

還有一篇關於年曆卡的副刊文章，有提及年曆卡：「年曆卡呢？有橫度、直度之異，兩面刊印著一年十二個月的中西日期，星期，和夏曆的節令，也是一卡在身邊的口袋裡，用來便利可靠，不會不知時日，卡頂當然也是印上銀行名稱、電話或忠誠為顧客服務，本行信譽卓著，歷史悠久等的廣告句，以求人客加深對該銀行的認識。」（〈日記簿和年曆卡〉，《華僑日

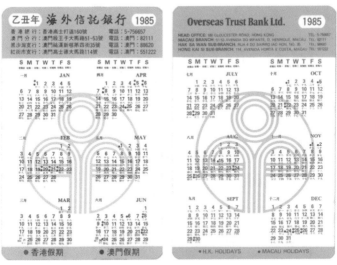

● 每年銀行都會印製年曆卡來派發給客戶，到2023年，這個做法仍未變改。
這間銀行曾在香港和澳門有分行，於是在年曆卡上同時印上兩地的假期
資料。

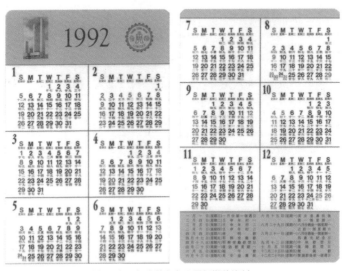

● 早年銀行所印製的年曆卡，都會兼印上公眾假期的資料。

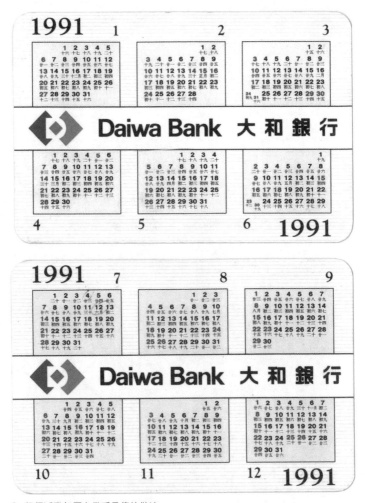

● 銀行派發年曆卡幾乎是傳統做法

報》，1988年1月3日）

　　在電腦普及化之前，年曆卡是很有用的資訊工具，有不少人都隨身攜帶這種資訊性卡片。其中，人們最需要掌握的，是農曆和公曆的對照，以及公眾假期的資料。當然，年曆卡還有很多不同的內容，提供了不同類型的資訊。

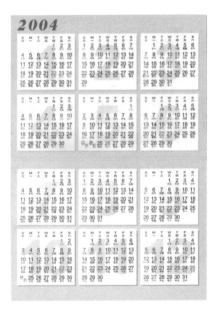

● 傳統的年曆卡會清楚列明公眾假期的資料

　　基本上，年曆卡只要印上公曆和農曆的日期，以及公眾假期的資訊，是一張很實用的年曆卡。

　　年曆卡的使用率高，尤其是在智能手機未廣泛使用之前，幾乎每人都要有一張年曆卡。年曆卡除了有實用功能外，還有幾個重要的功用：

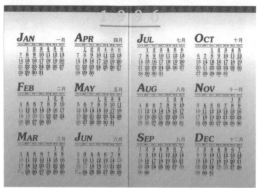

● 早於香港回歸前，公共圖書館已有印製年曆卡，印上圖
　書館的資料，供市民參考。

● 香港回歸後，公共圖書館同樣有印製年曆卡作推廣之用。

第一，年曆卡具有宣傳的作用，是為政府宣傳品。為了達到宣傳效果，有些政府部門會製作年曆卡，以傳達重要的資訊，或介紹政府部門的工作內容。這類年曆卡具有宣傳政府訊息的功能，容易讓市民接觸得到，有軟性宣傳作用。此外，亦有區議員會印製年曆卡，作用猶如名片一樣，這個做法，猶如加強了名片的實用性。

第二，大部分年曆卡都帶有商業訊息，可作為商業廣告。許多商店都會印製宣傳單張，但不少人在閱覽宣傳單張後，就會隨手丟掉。如果宣傳品的訊息印在年曆卡的背面，令宣傳單張具備了實用性。這種作為商業廣告的年曆卡，相對地，比一張純粹的宣傳單張，吸引程度高得多。屬於這個類別的年曆卡是最普遍的，幾乎超過八成的年曆卡都是有商業廣告的元素，也是市民最容易獲得的年曆卡類別。

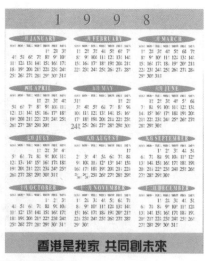

● 1998 年是第一屆立法會選舉，政府用年曆卡宣傳投票日的資料。

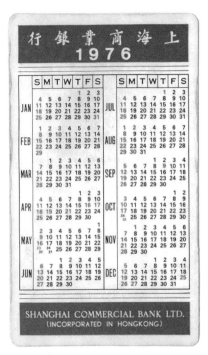

上海商業銀行 1976

	S M T W T F S		S M T W T F S
JAN	1 2 3 4 5 6 7 8 9 10 11 12 13 14 15 16 17 18 19 20 21 22 23 24 25 26 27 28 29 30 31	JUL	1 2 3 4 5 6 7 8 9 10 11 12 13 14 15 16 17 18 19 20 21 22 23 24 25 26 27 28 29 30 31
FEB	1 2 3 4 5 6 7 8 9 10 11 12 13 14 15 16 17 18 19 20 21 22 23 24 25 26 27 28 29	AUG	1 2 3 4 5 6 7 8 9 10 11 12 13 14 15 16 17 18 19 20 21 22 23 24 25 26 27 28 29 30 31
MAR	1 2 3 4 5 6 7 8 9 10 11 12 13 14 15 16 17 18 19 20 21 22 23 24 25 26 27 28 29 30 31	SEP	1 2 3 4 5 6 7 8 9 10 11 12 13 14 15 16 17 18 19 20 21 22 23 24 25 26 27 28 29 30
APR	1 2 3 4 5 6 7 8 9 10 11 12 13 14 15 16 17 18 19 20 21 22 23 24 25 26 27 28 29 30	OCT	1 2 3 4 5 6 7 8 9 10 11 12 13 14 15 16 17 18 19 20 21 22 23 24 25 26 27 28 29 30 31
MAY	1 2 3 4 5 6 7 8 9 10 11 12 13 14 15 16 17 18 19 20 21 22 23 24 25 26 27 28 29 30 31	NOV	1 2 3 4 5 6 7 8 9 10 11 12 13 14 15 16 17 18 19 20 21 22 23 24 25 26 27 28 29 30
JUN	1 2 3 4 5 6 7 8 9 10 11 12 13 14 15 16 17 18 19 20 21 22 23 24 25 26 27 28 29 30	DEC	1 2 3 4 5 6 7 8 9 10 11 12 13 14 15 16 17 18 19 20 21 22 23 24 25 26 27 28 29 30 31

SHANGHAI COMMERCIAL BANK LTD.
(INCORPORATED IN HONGKONG)

上海商業銀行

總 行：

香港皇后大道中十二號　電話 5-229111

分 行：

（香 港）

禮頓道一二八號	電話 5-764377
百德新街四二號	電話 5-773225
英皇道四八六號	電話 5-632271
吉直街四七號	電話 5-462121

（九 龍）

彌敦道六六六號	電話 3-940266
長沙灣道七〇號	電話 3-814221
尖沙咀漢口道七號	電話 3-688211
窩打老道八四K號	電話 3-035211
美孚新邨第一期	電話 3-712241
美孚新邨第四期	電話 3-725211
牛池灣坪石邨	電話 3-234261
新蒲崗康強街	電話 3-250241

（新 界）

荃灣青山公路405號	電話 12-420131

舊 金 山 分 行
San Francisco Agency
417 Montgomery Street, 10th Floor,
San Francisco, Calif., 94104, U.S.A.

● 用年曆卡詳列銀行地址、電話，也是重要的商業訊息。

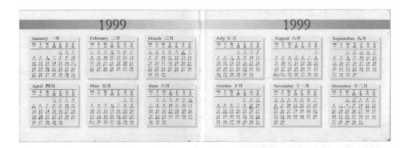

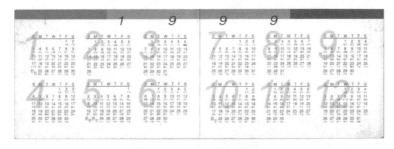

● 年曆卡有宣傳作用

● 大部分年曆卡都有商業宣傳成分，是一種廣告宣傳手法。

第三，年曆卡不是價值高昂的物品，但也可作為紀念品。許多機構在特定的日子會印製年曆卡作為紀念，例如有機構舉辦開放日等活動，印製有開放日字樣的年曆卡，作為紀念品送給參加者。因此，這類年曆卡派發的時間不一定在年尾或新年年初，只是按實際情況而派發。或者，在特別的節日或比賽中，同樣會印製年曆卡，方便有需要人士使用。這類特別製作的年曆卡，不一定是傳統的年曆內容，是為特定的項目而製作。

　　當然，這類的年曆卡不多，要視乎主辦單位認為有沒有製作年曆卡的需要。

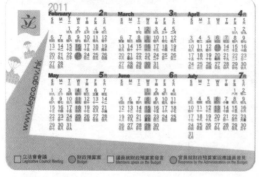

● 2010 年的立法會大樓開放日印製了紀念年曆卡；而開放日是在 12 月，所以年曆卡亦不以 1 月開始計算，是以 2010 年 10 月開始到 2011 年 9 月為止。

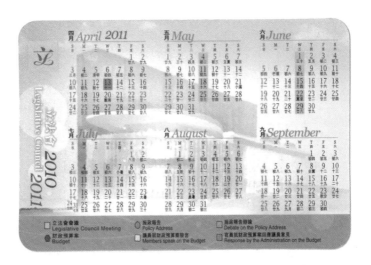

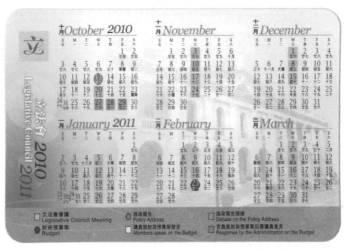

● 立法會的年曆卡顯示了開會的日期，而所列明的月份，是由 9 月開始，橫跨兩年。

第四，年曆卡上可附帶有教育意義的訊息，可視為教育工具。有些機構會善用年曆卡的背面，印製具教育意義的內容。比方說，在現在的初小課程裡，仍會教小朋友學習日曆。這是日常生活的基本技能，小朋友應該學習關於日曆的使用方法。為了方便學習，有一種專門為學習而設的年曆卡，讓小朋友在學習時，很有真實感。這種學習用的年曆卡，所印製的日期資料是真實的，本來就是一張真正的年曆卡。

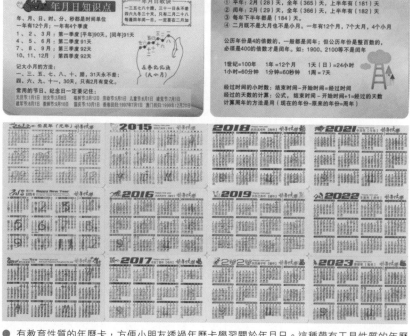

● 有教育性質的年曆卡，方便小朋友透過年曆卡學習關於年月日。這種帶有工具性質的年曆卡，有實際的用途，也有教學的功能。

第五，年曆卡的印刷越來越精美，可稱得上是藝術品。許多年曆卡的背面圖案會選用精美的照片或圖畫，或配上名家創作的藝術品。這類年曆卡有很高的觀賞價值，甚至值得收藏。

由於香港的年曆卡多數帶有商業味道，是商品的宣傳品，因此，年曆卡有賣廣告的作用。如果把賣廣告的空間，用來放置風景照片或藝術品，則未必合符商業推廣的原則。

早年的年曆卡多數以風景或藝術品為圖像設計素材，不過已保存不多。這類年曆卡可算是稀有的類別。

● 1978 年交通銀行香港
分行的年曆卡，使用
了齊白石的圖畫。

● 1970 年代的年曆卡，除了用藝術品做設計外，亦會選用當時的特色
　圖片。

第六，年曆卡使用藝人明星的照片，算是第一代藝人明星的「應援物」。現在，有不少藝人明星都推出了應援物送給「粉絲」。其實，這個做法，並不是新鮮事。以前，有年曆卡的背面圖片選用了藝人明星的肖像，一來以藝人明星的照片會容易吸引人們索取，二來他們可能是商品的代言人，作為推銷商品之用。不過，以前沒有太多種類的宣傳品，一般是印製成藝人明星肖像的年曆卡。

此外，亦有出版社曾經推出以作家肖像印製而成的年曆卡，讓讀者可以擁有自己喜愛的作家年曆卡，可稱得上是「作家應援物」。

第七，年曆卡有升值的潛力，成為收藏家的藏品。年曆卡多數是免費派發的物品，很少會有售價（事實上，只有少數商品式的年曆卡發售。如果要把日曆資料變成商品，多數是製成日曆、掛曆或月曆），只有舊的年曆卡成為二手市場的買賣物品。

不過，炒賣年曆卡的情況沒有郵票、錢幣等物品熾熱，市面上出版關於收藏或炒賣年曆卡的書刊不多。儘管如此，一些年代久遠或印上有時代代表性商品的年曆卡，自然被收藏家視為珍貴的收藏品，甚至成為炒賣的物品。

事實上，在不少買賣平台中，年曆卡也算是受歡迎的商品，只要不是提出「天價」，年曆卡仍是有價有市的商品。

在《年曆片收藏與投資》一書中，有一句說明年曆卡的情況，頗為中肯：「在過去的歲月中，年曆片是實用消耗品。當年歷史使用完後，多數被扔掉了，雖然有些年曆片的發行數量是可觀但保存下來的好品相年曆片也是有限的。」從這句話可知，年曆卡的收藏是很難的，一來沒有年曆卡的官方統計數字；二來也沒有人有可能全面地保存所有已印製的年曆卡。於是，收集和收藏年曆卡比其他收集和擁有的藏品難得多。

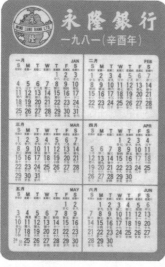

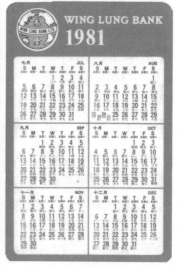

● 年代越久的年曆卡，升值潛力會越高，成為了另類的炒賣物品。

● 年曆卡是新興的收藏品,很少書會提及年曆卡的歷史和發展,而關於年曆卡的收藏和投資的書籍,也不常見。(方昭海著:《年曆片收藏與投資》,杭州:浙江大學出版社,2004年8月)

第八，其他特別用途。年曆卡還有很多用途，只要加點創意，仍可以發揮年曆卡僅有的空間。例如，有聖誕卡會附上年曆資料，還有以電話卡為媒體的年曆卡。這些都是另類設計的年曆卡。這種安排，是否更受歡迎？這要視乎使用者而定了。

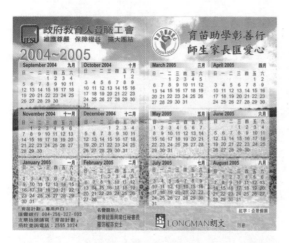

● 在年曆卡的另一面加上時間表的版面，讓學生可以善用年曆卡。

● 有書店把年曆卡配上閱讀回饋，用買書蓋印換現金券作為該年的讀者優惠。

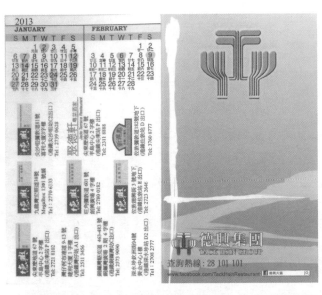

● 在年曆卡的日子資料上，加上結婚吉日，方便新人籌辦婚禮之用。

● 許多人學習中文輸入法時，都是使用倉頡輸入法，以前有年曆卡索性印上倉頡中文字母表。

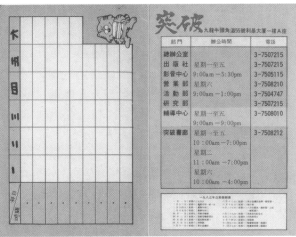

● 一張年曆卡可以兼容很多不同的內容資訊，發揮了年曆卡的多功
能性。

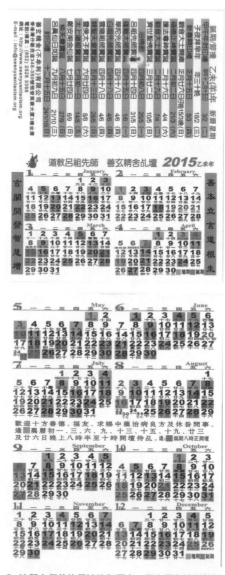

● 這種方便善信拜神的年曆卡，印上了各神祇節誕
的日期。

● 外國有電話卡印上了年曆資料，變成一種電話年曆卡，方便實用。

July 1998
M T W T F S
2 3 4
6 7 8 9 10 11
13 14 15 16 17 18
20 21 22 23 24 25
27 28 29 30 31

January 1998
M T W T F S
2 3
5 6 7 8 9 10
12 13 14 15 16 17
19 20 21 22 23 24
26 27 31

August 1998
M T W T F S
1
3 4 5 6 7 8
10 11 12 13 14 15
18 19 20 21 22
24/31 25 26 27 28 29

February 1998
M T W T F S
2 3 4 5 6 7
9 10 11 12 13 14
16 17 18 19 20 21
23 24 25 26 27 28

September 1998
M T W T F S
1 2 3 4 5
7 8 9 10 11 12
14 15 16 17 18 19
21 22 23 24 25 26
28 29 30

March 1998
M T W T F S
2 3 4 5 6 7
9 10 11 12 13 14
16 17 18 19 20 21
23 24 25 26 27 28
30 31

October 1998
M T W T F S
3
5 7 8 9 10
12 13 14 15 16 17
19 20 21 22 23 24
26 27 29 30 31

April 1998
M T W T F S
1 2 3 4
7 8 9
14 15 16 17 18
20 21 22 23 24 25
27 28 29 30

November 1998
M T W T F S
2 3 4 5 6 7
9 10 11 12 13 14
16 17 18 19 20 21
23 24 25 26 27 28
30

May 1998
M T W T F S
1 2
4 5 6 7 8 9
11 12 13 14 15 16
18 19 20 21 22 23
25 26 27 28 29

December 1998
M T W T F S
1 2 3 4 5
7 8 9 10 11 12
14 15 16 17 18 19
21 22 23 24
28 29 30 31

June 1998
M T W T F S
1 2 3 4 5 6
8 9 10 11 12 13
15 16 17 18 19 20
22 23 24 25 26 27
29 30

● 有一種月曆卡,每月一張,收集一套十二張,就成為一張大型的年曆卡。

以前，許多商店都會印製年曆卡，藉此宣傳自己的店舖或商品。在每年年底或年初，只要走在大街上，市民隨時可以得到幾張不同廣告的年曆卡。就算你沒有搜集年曆卡的興趣，也可以找來幾張，揀選一張自己最喜愛的年曆卡，放在銀包或筆記簿內，在有需要的時候拿出來使用。

不過，由於年曆卡是有時限性，大部分都是記載一年的日期資訊，所以，年曆卡的壽命多數只有一年。一年之後，新一年的年曆卡會取代舊的；至於舊的年曆卡，許多人都沒有刻意保留，隨手棄置就算了。

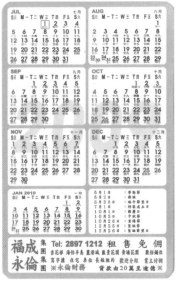

● 有些年曆卡內容豐富，有很大的兼容性，例如，有公曆和農曆的對照、廣告宣傳、公眾假期資料、賽馬資訊等。不過，現在這些內容已被智能電話取代了。

一、年曆卡的呎吋

年曆卡是記載日曆資料的卡片。

卡片上的資料越豐富，它的實用性則越高。為了要記載更多與日曆有關的內容，年曆卡需要更多的空間，於是呎吋變得越來越大。另外，由於大部分年曆卡都兼有宣傳功能，讓商業機構或政府部門宣傳商品或重要資訊，年曆卡亦需要更多空間放置資訊，亦令年曆卡的呎吋變大了。

換言之，年曆卡的版面越大，所容納的內容會越多，越能發揮年曆卡的功能。究竟年曆卡的呎吋應該是多少呢？

事實上，從來沒有一個規條來限制年曆卡的呎吋。年曆卡的呎吋是多少，實是不重要的，只要它不影響本身應有的功能，就是有用的年曆卡。因此，年曆卡應該是沒有呎吋限制的。

然而，年曆卡應以方便使用者攜帶為原則，好讓人們把年曆卡放在銀包或筆記簿內。按這個道理，年曆卡的呎吋應該是跟一般名片一樣，才是最理想的。要是年曆卡的呎吋過大，如一張 A4 或 A5 呎吋的年曆卡，那只能放在辦公桌上使用，並不能隨身攜帶。

有些年曆卡的設計是奇形怪狀，宣傳內容亦很多元化。如有書店的年曆卡設計成書籤形狀，方便讀者可把年曆卡當作書籤使用，一物二用；亦有些年曆卡是摺疊式的，翻開來看，年曆資料只佔少數，其餘幾乎全是廣告或宣傳內容。

既然年曆卡是有實用功能，只要設計不影響其實用性而又能做到攜帶方便，就是最好的年曆卡。

除夕煙花匯演迎 '97 紀念車票使用細則

- 本紀念車票不得轉讓他人。
- 本紀念車票只限於一九九六年十二月三十一日(星期二)及
  一九九七年一月一日(星期三)一連兩天不限次數使用。
- 本紀念車票適用為成人全線通車票。
- 本紀念車票適用於乘搭輕便鐵路車輛及接駁巴士。
- 遇輕便鐵路職員檢查時，乘客必須出示此紀念車票。
- 本紀念車票根據九廣鐵路公司條例及附例發行。

  備註：本紀念車票售價為港幣四十元正。

**Conditions of Use for the New Year's Eve
Fireworks Display '97 Commemorative Ticket**

- The Commemorative Ticket is non-transferable.
- The Ticket is valid on 31st December, 1996 (Tuesday)
  and 1st January, 1997 (Wednesday).
- The Ticket is an Adult All-zone Two-Day Pass.
- The Ticket is valid for use on Light Rail Vehicles and
  Light Rail Feeder Buses.
- The Ticket must be produced for inspection if requested
  by the authorized officials of the Light Rail Transit.
- The Ticket is Issued subject to KCRC Ordinance and its
  By-laws.

  Remark: The selling price of the Ticket is HK$40.

● 年曆卡可容下很多資訊。一張關於 1997 年除夕煙花匯演的年曆卡，
  內容可包括宣傳、紀念車票使用守則，以及輕鐵路線圖，基本上，年
  曆卡就是宣傳單張，但比宣傳單張耐用得多了。

the Warwick Hotel
華 威 酒 店

|M|T|W|Tn|Fs|S-| |M|T|W|Tn|Fs|S-|

1997

1	**2**
3	**4**
5	**6**
7	**8**
9	**10**
11	**12**

訂房查詢
RESERVATIONS ☎ 2981 0081

長洲 ⟷ 香港船期表
CHEUNG CHAU ⟷ HONG KONG FERRY SCHEDULE

普 通 客 輪

星期一至星期六 Mondays To Saturdays		星期日及公眾假期 Sundays And Public Holidays		飛翔船 Hydrofoil
香港開	長洲開	香港開	長洲開	
From Hong Kong	From Cheung Chau	From Hong Kong	From Cheung Chau	星期一至星期五 Monday to Friday
				中環開 長洲開
6:25 AM	**5:35 AM	6:25 AM	**5:35 AM	From From
7:30	6:00	7:30	6:00	Hong Cheung
8:00	6:40	8:40	6:40	Kong Chau
9:00	7:25	+9:15	7:30	
10:00	7:45	10:00	8:45	9:00am 9:40am
11:00	8:00	-10:45	10:00	10:15am 10:50am
12:00 NN	8:40	11:15	11:15	12:15pm 12:50pm
1:00 PM	9:15	-12:00 NN	+12:10 PM	2:15pm 2:50pm
2:00	10:15	12:30 PM	12:30	4:05pm 4:50pm
3:00	11:15	-1:20	+1:20	
4:15	12:15 PM	2:00	1:45	
5:15	1:15	3:00	+2:45	
5:45	2:15	4:30	3:15	
6:20	3:15	5:45	+4:00	
6:45	4:15	+6:25	4:30	
7:30	5:20	7:05	+5:15	
8:15	6:20	8:20	5:40	
9:00	7:00	9:30	6:50	
9:45	7:45	10:30	+8:00	
10:30	8:30	11:30	8:20	
11:30	9:30	12:30 AM	9:30	
12:30 AM	10:30		10:30	
	11:30		11:30	

Remarks: **Via Peng Chau & Silvermine Bay
經坪洲及梅窩

+ Supplementary Sailing to meet the recreational traffic demand
: Saturdays, Sundays & Public Holidays)
必要時加班（祇限於星期六、星期日及公眾假期）

上述開班，隨時可予取消，恕不另行通告
Subject To Cancellation Without Notice

● 屬於離島區的年曆卡，能提供渡輪航班資訊是很重要的。

1987 丁卯年

Standard & Chartered
Standard Chartered Bank
渣 打 銀 行

| January | 一月 | February | 二月 | March | 三月 |

| April | 四月 | May | 五月 | June | 六月 |

香島總行:5-8422333　九龍總行:3-7719211　客戶服務電話詢:5-223302

Hong Kong Main Office: 5-8422333　Kowloon Main Office: 3-7719011　Customer Services Enquiries: 5223302

| July | 七月 | August | 八月 | September | 九月 |

| October | 十月 | November | 十一月 | December | 十二月 |

1987 丁卯年

Standard & Chartered
Standard Chartered Bank
渣 打 銀 行

● 銀行印製年曆卡派發給客戶，是很常見的做法。

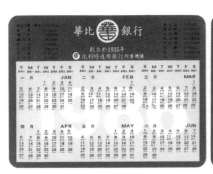

● 華比銀行在合併前所印製的年曆卡

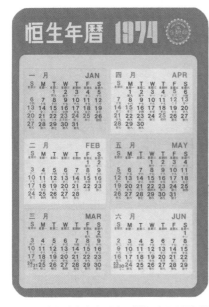
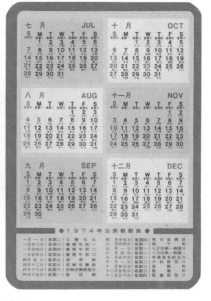

● 1974 年恒生銀行年曆卡，詳細列明公眾假期的資料。

2011 Calendar

Sun	Mon	Tue	Wed	Thu	Fri	Sat
						1
2	3	4	5	6	7	8
9	10	11	12	13	14	15
16	17	18	19	20	21	22
23	24	25	26	27	28	29
30	31					

Sun	Mon	Tue	Wed	Thu	Fri	Sat
		1	2	3	4	5
6	7	8	9	10	11	12
13	14	15	16	17	18	19
20	21	22	23	24	25	26
27	28					

Sun	Mon	Tue	Wed	Thu	Fri	Sat
		1	2	3		
6	7	8	9	10		
13	14	15	16	17		
20	21	22	23		30	31
27	28	29	30	31		

Sun	Mon	Tue	Wed	Thu	Fri	Sat
					1	2
3	4	5	6	7	8	9
10	11	12	13	14	15	16
17	18	19	20	21	22	23
24	25	26	27	28	29	30
31						

Sun	Mon	Tue	Wed	Thu	Fri	Sat
	1	2	3	4	5	6
7	8	9	10	11	12	13
14	15	16	17	18	19	20
21	22	23	24	25	26	27
28	29	30	31			

Sun	Mon	Tue	Wed	Thu	Fri	Sat
				1	2	3
4	5	6	7	8		
11	12	13	14	15		
18	19	20	21	22		
25	26	27	28	29		

坐低撈撈
スイートフェリー Dine-in LoLo
山留許

七款口感獨特，新鮮製造的撈球，
不單止好味道，款款背後
其實都有鮮為人知的有趣故事，
令你食得更「知」味。

新產品【行街撈撈】及【坐低撈撈】
有齊晒一系列味道同
最新藍莓味任你揀。

☆藍莓
blueberry

公元十世紀，丹麥國王由於愛吃【藍莓】，牙
齒被染成藍色，綽號「藍牙」。據傳他統一
了四分五裂的國家。廿一世紀電訊公司希望可
統一無線電通訊，而把新科技命名「藍牙」。

榴槤
durian

馬來西亞有條村莊，當地的所愛吃【榴
槤】，經常闖入榴槤園，成熟的榴槤吊
掛在上掉得嚴重，可僧到國王有賠美眾
著火把農眾人燒著嘴唇。

龍眼
longan

西施眼款侍宴賞食品，肉和核稱
【眼核】，因「吃里眼肉不
眼睛了」，為免說就，後來就改
改名為【桂圓】。

● 這種摺疊式的年曆卡，翻開之後，是一幅
很長的廣告宣傳品，比一張 A4 紙的長度
還要長。

行街撈撈
スイートブーケ Take-out LoLo

許留山

芒果
mango

蜜瓜
honeydew melon

芝麻
sesame

椰汁
coconut

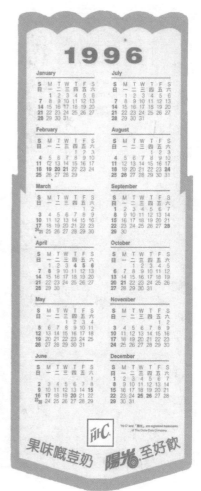

● 書籤形狀的年曆卡，也是比較常見的設計。

2009

| January 1 | February 2 |

| March 3 | April 4 |

| May 5 | June 6 |

東華三院平和坊

戒賭熱線 1834633 (按1字)

| July 7 | August 8 |

| September 9 | October 10 |

| November 11 | December 12 |

東華三院平和坊
地址熱線：1834633 (按1字)
www.evencentre.tungwahcsd.org

你不賭，家不倒。

● 為了說明「你不賭，家不倒」的概念，年曆卡設計成不倒翁的外形。

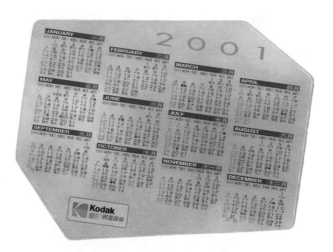

● 菲林的年曆卡設計也很有特色

● 以屋為概念的年曆卡,可設計成屋的外型,使
　年曆卡更形象化。

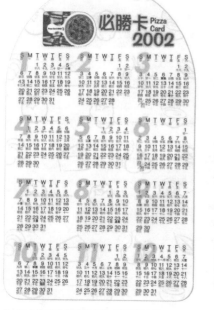

● 不少食肆的年曆卡用上特別的設計

二、年曆卡顯示一年十二個月的資料嗎？

年曆卡上所顯示的日期內容，一般是十二個月，即由 1 月到 12 月。正因如此，它被稱為「年曆卡」，就是以年為限，具有一年的意思。

那麼，有沒有年曆卡不是規限在十二個月呢？或者，有沒有年曆卡不是由 1 月到 12 月作計算呢？

年曆卡上所載的日期資料，以十二個月為限，是最方便人們使用的。事實上，印製年曆卡的機構或政府部門，可按照自己所定下的要求，而設計成不是以 1 月到 12 月為限的年曆卡。由於年曆卡可以有其獨特的功能性，以方便有特定需要的人士使用，因此，不是由 1 月到 12 月的十二個月來設計年曆卡，也是很常見的。

舉例來說，香港賽馬會有印製年曆卡，但香港賽馬會所印製的年曆卡，是方便「馬迷」使用，兼印上六合彩的開獎日期，即全是跟博彩內容有關的資訊。因此，這種年曆卡是以馬季（一般是 9 月開鑼）為計算，不會是由 1 月開始。

此外，還有一種是給教育界使用的年曆卡，當中所記載的日期資料，是由一個學年作計算，即以 9 月開始，以暑假告終，猶如學校手冊上的校曆表一樣。這種年曆卡，也不是由 1 月開始計算。

亦有一種年曆卡印製十五個月的年曆卡，即由 10 月開始，到下一年的 12 月。這種跨年式的設計，是方便使用者在年底時，也可以規劃未來的日子，不用攜帶兩張年曆卡。因此，有年曆卡可能會橫跨三年時間，好讓有需要人士使用。

一般來說，最常用的設計式樣，應該是以一年十二個月，由 1 月開始計算，到 12 月結束，才是最大眾化的。不過，年曆卡的設計多元，有不同的使用功能，並不能一概而論。因此，年曆卡是否由 1 月開始計算，或只能列出 1 月到 12 月，應該由年曆卡的內容而定。

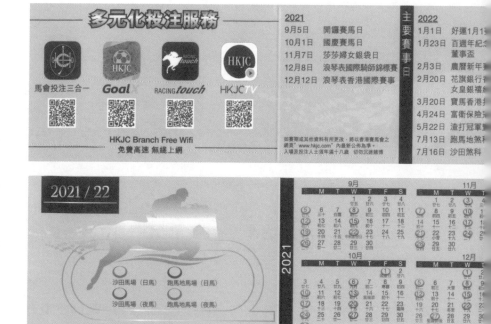

● 在 2021-2022 年度馬季的賽馬年曆卡，只印有十一個月的資料。

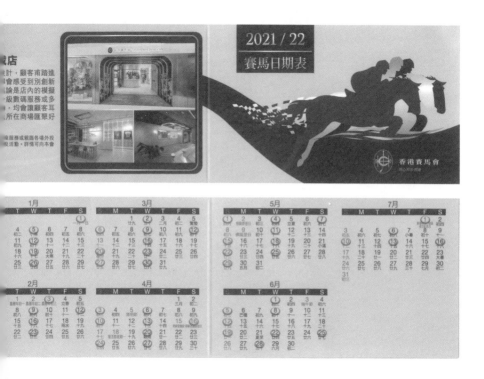

● 這款年曆卡載有 24 個月的資料，橫跨 3 年。

七月 AUGUST 八月 SEPTEMBER 九月

LOSEC
(omeprazole-Astra)

1993

十月 NOVEMBER 十一月 DECEMBER 十二月

七月 AUGUST 八月 SEPTEMBER 九月

g Beyond H₂ Blockade

1994

十月 NOVEMBER 十一月 DECEMBER 十二月

● 有年曆卡提供教育界的資訊，因此是以 9 月新學年計算，並不是以傳統的公曆 1 月開始。

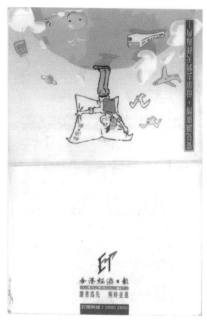

● 亦有以年曆卡以中小學上課日計算，把暑假排除在外，由 9 月到翌年的 7 月，變成只有十一個月的年曆卡。

● 月份資料有時也會排列成奇怪的形狀

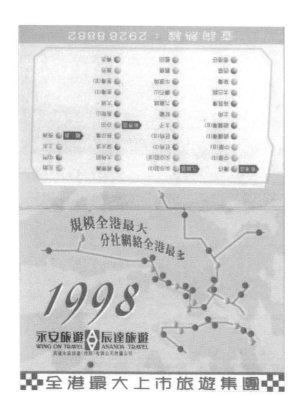

● 有年曆卡印製了十五個月的
　內容，但橫跨了三年的資
　料。這種做法，可以讓有需
　要人士容易規劃活動。

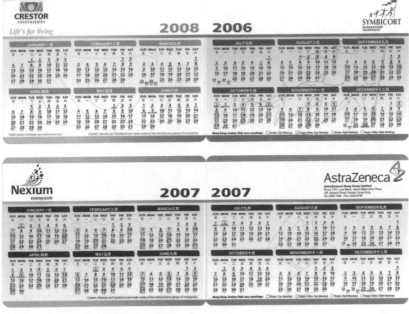

● 有年曆卡印製了二十四個月的資料,由
2006 年下半年到 2008 年上半年,前後可
用兩年的年曆卡。

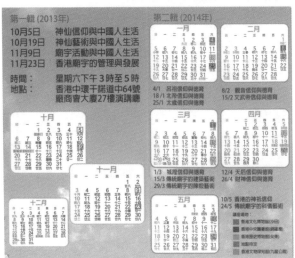

● 為了宣傳宗教教育講座,可以透過年曆卡標示有關資料;由於年曆卡有特定的用途,因此沒有規限在十二個月之內。

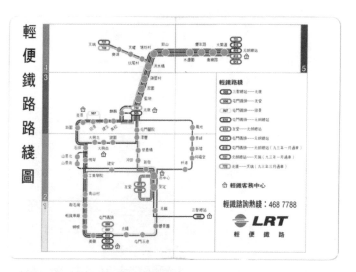

● 樓盤年曆卡配上交通資料，變得很實用。

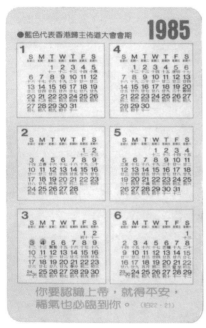

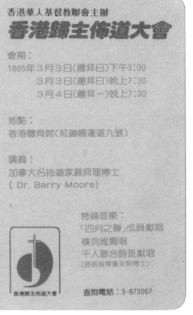

● 同樣是宣傳宗教活動，年曆卡只需顯示相關日子就可以了，只有六個月的年曆卡也有足夠的實用性。

杏花青年空間	2557 0142
筲箕灣青年空間	2885 9353
紅磡青年空間	2774 5300
農圃道青年空間	2715 0424
坪石青年空間	2325 2383
茵怡青年空間	2997 0321
乙明青年空間	2647 0744
隆亨青年空間	2698 5565
荃灣青年空間	2413 6669
荃景青年空間	2498 3333
天耀青年空間	2445 4868

"like" us on
Facebook

facebook.com/

香港青年協會UP進修

● 這款年曆卡雖然有印上半年的資料，但由於其功能是宣傳有關展覽，所以聚焦在其中一個月的內容，以提醒有興趣人士進場參觀。

三、資料有誤的年曆卡

年曆卡要有日期的資訊，基本上要有公曆和農曆的換算資料，還附有公眾假期等內容，就可以讓人一目了然。

然而，在製作年曆卡未電腦化之前，部分資料都是靠人力處理，難免會有出錯的機會。事實上，曾經有一年的年曆卡上的資料出錯，鬧出了笑話。

那是 1978 年的年曆卡，出現錯誤的日期是當年的中秋節。關於這次年曆卡日期錯誤的事件，傳媒也有報道：

> 如果你細心察看明年的年曆卡，你將會發覺明年將出現兩個中秋，但明年既無閏月，為何有兩個中秋？
>
> 原來明年農曆八月十五，大部分年曆卡排在陽曆九月十六，部分則排在九月十七，因而造成市面一片混淆情況。兩個日子，到底依循那一個？

要解釋這件事，除了引用天文台的科學知識，也請了曆學家蔡伯勵先生作分析。當時，傳媒的報道是這樣的：

> 據香港天文台公開發售的月曆顯示，明年中秋節的正確日期應為陽曆九月十七日，這與中國科學院紫金山天文台曆算組的計法一致。原來明年農曆七月是月大而非月小，但許多年曆卡卻將七月作月小計算，由於一天的差異，因而形成前後兩天都是中秋的罕見事例。……曆學家蔡伯勵昨日提出警告，出版商應收回那些推算錯誤的年曆卡，否則出現兩個中秋節時貽笑大方。他說，明年的中秋節應該是陽曆九月十七日，可

是有些印刷商根據錯誤推算，竟排在陽曆九月十六日，不但對市民不便而且令自己商譽受損，有些廣告形式的年曆更引致反效果。

（《香港工商晚報》，1977 年 12 月 1 日）

隨著電腦化的普及，這些日期資料已不用人力推算，全是由電腦排列，當中，除非有人為的處理不當，否則，不可能發生推算錯誤的事件了。

至於人為的錯誤，有時的確是很難避免。例如在排製日曆內容時，出現手民之誤，結果把錯誤資料製成年曆卡，變成了「錯體」年曆卡。

當然，年曆卡上的資料都是有實用性質的，內容資訊不能有誤，否則會為使用者帶來不便。

● 根據《天文普及年曆 1978》指出，當年的中秋節應該是 9 月 17 日。

● 1978 年的年曆卡

● 有年曆卡內含手民之誤，錯誤地把公曆 1 月 15 日的初三變成了初二。左方是正確的年曆卡，右方是錯誤的年曆卡。由於錯體版的年曆卡早已流入市面，變成了兩個版本都同時使用的情況。

● 有些機構可能會在同一年推出多於一款年曆卡

2017
漢榮書局有限公司 HON WING BOOK CO. LTD.
香港九龍油麻地彌敦道516號地下及閣樓 電話：2391 0585 傳真：2789 8082

2017
漢榮書局有限公司 HON WING BOOK CO. LTD.
G/F – M/F, 516 Nathan Road, Kowloon, H.K. Tel: 2391 0585 Fax: 2789 8082

● 有不少機構會印製不只一款年曆卡，甚至是一張直排、一張橫排，任君選擇。

四、年曆卡的形態

大部分年曆卡都是紙類製品，這是最常見的形態。

年曆卡是印刷品，用紙類製作是很正常的，而最重要的，許多時候，是需要在年曆卡上用筆寫下重要資料，因此，用紙印製年曆卡是最好的。

儘管沒有準確的官方數字，但也可以猜到，紙類製品的年曆卡應該佔有九成以上。然而，除了紙類製品外，年曆卡還有用膠製成的，相對於紙，較為耐用。的確，一張年曆卡要用上一年時間，使用較耐用的質料，應該是較理想的。

有些商業機構的年曆卡一直都是用塑膠製作的。在外觀上，這種年曆卡的確是比較吸引。或許，這種塑膠製成的年曆卡比較少見，在物以罕為貴的情況下，塑膠製作的年曆卡好像比紙類製品吸引。

至於用塑膠製成的年曆卡，最常見的，是八達通套。

自從八達通普及使用之後，許多人身上都有八達通。有些人喜歡在八達通上加上一個保護套，衍生了八達通套的誕生。原本印製紙年曆卡的機構，了解大部人都不會購買八達通套的商機，遂製成年曆卡八達通套。

的確，由於許多人在日常生活中，都要使用八達通，再套上一個印有年曆卡資料的套，不需要另外帶備一張年曆卡，感覺上應該是方便得多。

除了紙和塑膠物料外，還有一種年曆卡是用金屬物料製成的。這種金屬年曆卡較耐用，亦較有特色，是很少年曆卡會使用的物料。不過，金屬物料的年曆卡所顯示的字體不一定清楚，亦不能在年曆卡上畫下記號。

現在智能電話的功能已取代了實體八達通，因此，近年已很少見這種八達通套年曆卡了。

● 八達通套的年曆
卡，以塑膠物料印
製，曾經是不少商
品的廣告宣傳品。

● 金屬製作的年曆卡很精美，但成本較高，很少商戶用來印製年曆卡。

2013

一月 January

S	M	T	W	T	F	S
		1	2	3	4	5
6	7	8	9	10	11	12
13	14	15	16	17	18	19
20	21	22	23	24	25	26
27	28	29	30	31		

二月 February

S	M	T	W	T	F	S
					1	2
3	4	5	6	7	8	9
10	11	12	13	14	15	16
17	18	19	20	21	22	23
24	25	26	27	28		

三月 March

S	M	T	W	T	F	S
					1	2
3	4	5	6	7	8	9
10	11	12	13	14	15	16
17	18	19	20	21	22	23
24	25	26	27	28	29	30
31						

四月 April

S	M	T	W	T	F	S
	1	2	3	4	5	6
7	8	9	10	11	12	13
14	15	16	17	18	19	20
21	22	23	24	25	26	27
28	29	30				

五月 May

S	M	T	W	T	F	S
			1	2	3	4
5	6	7	8	9	10	11
12	13	14	15	16	17	18
19	20	21	22	23	24	25
26	27	28	29	30	31	

六月 June

S	M	T	W	T	F	S
						1
2	3	4	5	6	7	8
9	10	11	12	13	14	15
16	17	18	19	20	21	22
23	24	25	26	27	28	29
30						

七月 July

S	M	T	W	T	F	S
	1	2	3	4	5	6
7	8	9	10	11	12	13
14	15	16	17	18	19	20
21	22	23	24	25	26	27
28	29	30	31			

八月 August

S	M	T	W	T	F	S
				1	2	3
4	5	6	7	8	9	10
11	12	13	14	15	16	17
18	19	20	21	22	23	24
25	26	27	28	29	30	31

九月 September

S	M	T	W	T	F	S
1	2	3	4	5	6	7
8	9	10	11	12	13	14
15	16	17	18	19	20	21
22	23	24	25	26	27	28
29	30					

十月 October

S	M	T	W	T	F	S
		1	2	3	4	5
6	7	8	9	10	11	12
13	14	15	16	17	18	19
20	21	22	23	24	25	26
27	28	29	30	31		

十一月 November

S	M	T	W	T	F	S
					1	2
3	4	5	6	7	8	9
10	11	12	13	14	15	16
17	18	19	20	21	22	23
24	25	26	27	28	29	30

十二月 December

S	M	T	W	T	F	S
1	2	3	4	5	6	7
8	9	10	11	12	13	14
15	16	17	18	19	20	21
22	23	24	25	26	27	28
29	30	31				

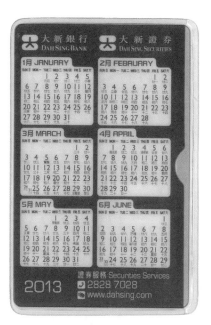

● 有一段時間,香港的年曆卡喜歡製作成膠製的八達通套,有不少銀行也跟隨潮流,改變使用傳統的紙製年曆卡。

CLP 中電 2010

January 1月	February 2月	March 3月
Sun Mon Tue Wed Thu Fri Sat	Sun Mon Tue Wed Thu Fri Sat	Sun Mon Tue Wed Thu Fri Sat
1 2	1 2 3 4 5 6	1 2 3 4 5 6
3 4 5 6 7 8 9	7 8 9 10 11 12 13	7 8 9 10 11 12 13
10 11 12 13 14 15 16	14 15 16 17 18 19 20	14 15 16 17 18 19 20
17 18 19 20 21 22 23	21 22 23 24 25 26 27	21 22 23 24 25 26 27
24 25 26 27 28 29 30	28	28 29 30 31
31		

April 4月	May 5月	June 6月	July 7月	August 8月
Sun Mon Tue Wed Thu Fri Sat	Sun Mon Tue Wed Thu Fri Sat	Sun Mon Tue Wed Thu Fri Sat	Sun Mon Tue Wed Thu Fri Sat	Sun Mon Tue Wed Thu Fri Sat
1 2 3	1	1 2 3 4 5	1 2 3	1 2 3 4 5 6 7
4 5 6 7 8 9 10	2 3 4 5 6 7 8	6 7 8 9 10 11 12	4 5 6 7 8 9 10	8 9 10 11 12 13 14
11 12 13 14 15 16 17	9 10 11 12 13 14 15	13 14 15 16 17 18 19	11 12 13 14 15 16 17	15 16 17 18 19 20 21
18 19 20 21 22 23 24	16 17 18 19 20 21 22	20 21 22 23 24 25 26	18 19 20 21 22 23 24	22 23 24 25 26 27 28
25 26 27 28 29 30	23 24 25 26 27 28 29	27 28 29 30	25 26 27 28 29 30 31	29 30 31
	30 31			

September 9月	October 10月	November 11月	December 12月
Sun Mon Tue Wed Thu Fri Sat	Sun Mon Tue Wed Thu Fri Sat	Sun Mon Tue Wed Thu Fri Sat	Sun Mon Tue Wed Thu Fri Sat
1 2 3 4	1 2	1 2 3 4 5 6	1 2 3 4
5 6 7 8 9 10 11	3 4 5 6 7 8 9	7 8 9 10 11 12 13	5 6 7 8 9 10 11
12 13 14 15 16 17 18	10 11 12 13 14 15 16	14 15 16 17 18 19 20	12 13 14 15 16 17 18
19 20 21 22 23 24 25	17 18 19 20 21 22 23	21 22 23 24 25 26 27	19 20 21 22 23 24 25
26 27 28 29 30	24 25 26 27 28 29 30	28 29 30	26 27 28 29 30 31
	31		

Earth Ok

● 這款年曆卡是貼紙

五、其他紙卡類的年曆卡

現在，不少人要寄賀年卡、聖誕卡等，多數會用電子賀卡。這種既方便，成本又低的做法，幾乎已取代了傳統賀卡。

在未電腦化之前，許多機構都會另行印製賀卡，以便寄給有業務往來的人，作互相問好之用。然而，賀卡有時間性，收到賀卡的人，不一定會長時間保留賀卡。除非賀卡有紀念價值，否則，大部分賀卡都會在節慶後，全部丟掉了。

為了延長賀卡的壽命，有機構在製作賀卡時，棄用常見的祝賀圖案，而是套用了年曆卡。其中，在年初製作的賀年卡最常見。這種賀年年曆卡或年曆卡明信片，加強了實用性。雖然這類的製品不多，但也算是在印製年曆卡時，多提供一個選擇。

不過，這類賀年年曆卡或年曆卡明信片卻有限制，就是呎吋較名片式的年曆卡為大，一般不會隨身攜帶。這樣的話，這種賀年年曆卡或年曆卡明信片只會放在辦公室使用。

● 這款聖誕卡印上了年曆，成為了聖誕年曆卡的混合體。

到了二十一世紀，賀年卡、年曆卡和明信片都在淘汰的邊緣，現在應該已很少機構會印製這種款式的年曆卡了。

六、年曆卡版面的設計

以前，大部分商戶都會每一印製一張年曆卡，作為宣傳之用。

有商戶的年曆卡的版面設計，幾乎年年如一。這種安排成為了該商戶的特色，亦有其一致性。

然而，許多時候，商戶的年曆卡會不時有變化，一來要配合所宣傳的內容而設計，二來有新穎的年曆卡設計，才可以用新鮮感來吸引市民。因此，商戶的年曆卡並不需要有一致性。

以三聯書店的年曆卡為例：

許多書店都會印刷年曆卡，除了有宣傳的作用外，書店的年曆卡還兼有用作書籤的功能。因此，有些書店年曆卡不是卡片式的呎吋，而是採用書籤式長條形的設計。

三聯書店的年曆卡設計，基本上跟坊間常見的年曆卡款式是差不多的。早於 1970 年代，年曆卡的設計以風景或畫像為主；到了 1980 年代，以轉用實用性為主，除了有書店門市的地址外，有時還附有公眾假期的日子。在 1990 年代，年曆卡有宣傳的作用，詳列所有門市的資料。後期則沒有再以三聯書名的名義印製年曆卡了。

當中，大部分年曆卡採用傳統卡式形的設計，但在 1980 年、2003 年和 2004 年的年曆卡是長條形的，似乎為了方便讀者把年曆卡當作書籤使用。

三聯年曆 1982

JOINT PUBLISHING CO.
三聯書店香港分店
香港中環域多利皇后街 9 號
9 QUEEN VICTORIA STREET, H.K.
Tel: Office 5-230105　Service Centre 5-250102

● 1982 年的年曆卡，只列有書店的資料。

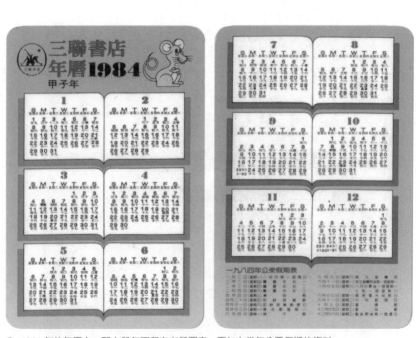

● 1984 年的年曆卡，配上鼠年而印有老鼠圖案，再加上當年公眾假期的資料。

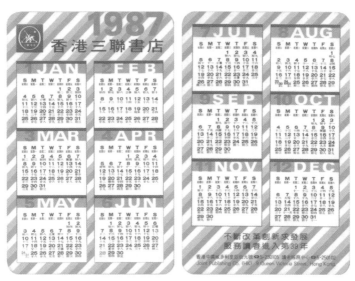

● 1987 年的年曆卡，又回復印上書店的資料。

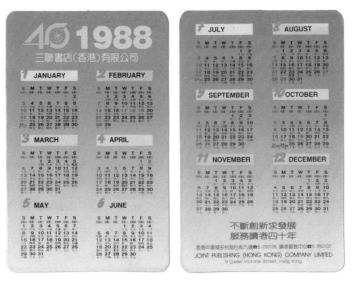

● 1988 年為書店 40 周年，書店名稱、店徽有變，而年曆卡仍印上書店的資料。

1996

三聯書店(香港)有限公司
JOINT PUBLISHING (HK) CO., LTD.
香港中環域多利皇后街9號
9 Queen Victoria Street, Central, Hong Kong
電話 Tel: 2523 0105 傳真 Fax: 2810 4201
E-mail: jpchk@HK.SUPER.NET

讀者服務中心 Reader's Service Centre
中環域多利皇后街9號
9 Queen Victoria Street,
Central, Hong Kong
電話 Tel: 2868 6844 傳真 Fax: 2525 8355

荃灣文化廣場 Tsuen Wan Cultural Plaza
新界荃灣地鐵站富華中心3樓
3/F, Fou Wah Centre,
Tsuen Wan MTR Station, N.T.
電話 Tel: 2412 3696 傳真 Fax: 2412 3799

黃埔門市 Whampoa Branch
九龍黃埔花園第三期
中藝家居廣場
Site 3, Whampoa Garden,
Hung Hom, Kowloon
電話 Tel: 2356 7288 傳真 Fax: 2627 0201

藍田門市 Lam Tin Branch
九龍藍田地鐵站
匯景商場地下 L1-455
L1-455, Sceneway Plaza,
Lam Tin MTR Station, Kowloon
電話 Tel: 2346 5220 傳真 Fax: 2379 6079

葵芳門市 Kwai Fong Branch
新都會廣場2樓 260-267號
Shop No. 260-267, Level 2, Metroplaza
Kwai Fong MTR Station, N.T.
電話 Tel: 2420 3103 傳真 Fax: 2420 3126

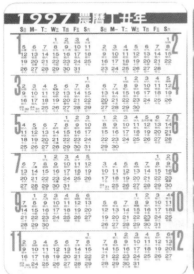

1997

三聯書店(香港)有限公司
JOINT PUBLISHING (HK) CO., LTD.

三聯書店中區店
JPC Bookshop Central Branch
中環域多利皇后街9號
9 Queen Victoria Street, Central, Hong Kong.
電話Tel: 2868 6844 傳真Fax: 2525 8355

三聯書店荃灣店
JPC Bookshop Tsuen Wan Branch
荃灣地鐵站富華中心三樓
3/F, Fou Wah Centre,
Tsuen Wan MTR Station, N.T.
電話Tel: 2412 3696 傳真Fax: 2412 3799

三聯書店黃埔店
JPC Bookshop Whampoa Branch
黃埔花園第三期中藝家居廣場
Site 3, Whampoa Garden, Hung Hom, Kln.
電話Tel: 2356 7288 傳真Fax: 2627 0201

三聯書店藍田店
JPC Bookshop Lam Tin Branch
藍田地鐵站匯景廣場地下L1-455
L1-455, Sceneway Plaza,
Lam Tin MTR Station, Kowloon
電話Tel: 2346 5220 傳真Fax: 2379 6079

三聯書店葵芳店
JPC Bookshop Kwai Fong Branch
葵芳地鐵站新都會廣場2樓260-267號
Shop No. 260-267, Level 2, Metroplaza,
Kwai Fong MTR Station, N.T.
電話Tel: 2420 3103 傳真Fax: 2420 3126

● 1996 年、1997 年和 1998 年的年曆卡，列出所有書店分店的資料。

● 2003 年和 2004 年的年曆卡，採用書籤式設計。

● 1980 年的年曆卡，共有一套三款，任君選擇。

1977

三聯書店香港分店
JOINT PUBLISHING COMPANY
9 Queen Victoria Street, Hongkong

三聯書店（香港）有限公司 致意 **2001**
荃灣德士古道220-248號荃灣工業中心16樓
電話：2523 0105 傳真：(852) 2810 4201

1			*JANUARY*			
2			*FEBRUARY*			
3			*MARCH*			
4			*APRIL*			
5			*MAY*			
6			*JUNE*			

三聯書店（香港）有限公司 致意 **2001**
荃灣德士古道220-248號荃灣工業中心16樓
電話：2523 0105 傳真：(852) 2810 4201

7			*JULY*			
8			*AUGUST*			
9			*SEPTEMBER*			
10			*OCTOBER*			
11			*NOVEMBER*			
12			*DECEMBER*			

● 1977 年和 2001 年為布質料的年曆卡，是很少見的。

七、年曆卡的未來發展方向

隨著電子媒體的不斷發展，舊式的年曆卡已被電子日曆所取代，市民紛紛改用電子日曆記事了。因此，年曆卡的印數比昔日的高峰期，明顯大幅減少。這足以證明傳統年曆已步入沒落期。

然而，年曆卡仍在轉型中，由一張小小的年曆卡變成 A4 呎吋的年曆卡。銀行、電影宣傳品、明星應援等，都有推出大型的年曆卡，方便人們在公司使用或作收藏留念。對於這種由小張變大張的轉變，最大的分別，就是不能隨身攜帶了。

● 2023 年，印鬆的牛曆卡賀書已復小。你有收到各友藹喜勝的牛曆卡嗎？

七喜粥麵小廚

2023

Tsat Hay Noodle & Congee House

香港北角琴行街6號嘉蘭大廈地下B舖

Shop B, G/F., Scala Mansion, 6 Kam Hong St., North Point, HK

📞 2516 6656

後記

　　我自小就有收藏年曆卡。

　　當我還是小學生時，在偶然的機會下，收到一張銀行年曆卡，於是，我把年曆卡放在學校的學生手冊內，方便自己查閱日子。到了年底，我又更換一張新一年的年曆卡。

　　至於那張舊的年曆卡，我並沒有丟掉。不知何故，由那時開始，我把年曆卡一張一張收藏起來。自此，成為了我的嗜好。

　　那時，我很難才有機會收到年曆卡，所以，一年才能收集到一、兩張年曆卡而已。後來，我接觸到的年曆卡越來越多，而我也不厭其煩的，一張一張收集並收藏起來。在印製年曆卡最多的年代，我幾乎一年內可以收集到幾十款不同的年曆卡。

　　然而，隨著電子科技的發達，年曆卡的功能已被手提電腦、手提電話等科技產物所取代了。現在，幾乎已沒有什麼商戶或機構，會印製年曆卡。近幾年，我收到的年曆卡可謂少之又少。

　　或許，在不久的將來，年曆卡會完全被淘汰。

　　藉著《香港年曆遊蹤》一書的出版，我把自己的部分珍藏展示出來，公諸同好，希望各位讀者喜歡。

2023 年 5 月 28 日

寫於石籬

策劃編輯	梁偉基
責任編輯	許正旺
版式設計	吳冠曼
封面設計	陳朗思

書　　名	香港年曆遊蹤
著　　者	徐振邦
出　　版	三聯書店（香港）有限公司
	香港北角英皇道四九九號北角工業大廈二十樓
香港發行	香港聯合書刊物流有限公司
	香港新界荃灣德士古道二二〇至二四八號十六樓
印　　刷	寶華數碼印刷有限公司
	香港柴灣吉勝街四十五號四樓 A 室
版　　次	二〇二三年七月香港第一版第一次印刷
規　　格	特十六開（150 mm × 210 mm）一四四面
國際書號	ISBN 978-962-04-5276-5